KB176035

하루 10분,
구글 영어의 힘

하루 10분, 구글 영어의 힘

초판인쇄 2019년 9월 25일
초판발행 2019년 9월 25일

지은이 윤승원
펴낸이 채종준
기획 · 편집 이강임
디자인 홍은표
마케팅 문선영

펴낸곳 한국학술정보(주)
주 소 경기도 파주시 회동길 230(문발동)
전 화 031-908-3181(대표)
팩 스 031-908-3189
홈페이지 http://ebook.kstudy.com
E-mail 출판사업부 publish@kstudy.com
등 록 제일산-115호(2000. 6. 19)

ISBN 978-89-268-9648-8 13740

하루 10분,
구글 영어의 힘

Google Search for Studying English

영어 변태 윤승원 **지음**

평범한 미대생을 잘나가는
영어 통역사로 만든
기적의 공부법

이담 Books

구글 영어 공부로 평범한 미대생이
영어 통역사 되다

내가 구글로
영어 공부하는 진짜 이유

1장 ___ 절대 실패하지 않는 구글 영어 공부법

CONTENTS

4장 __ 구글 영어 실전연습 WORKBOOK

PART
01

구글 영어 공부로 평범한 미대생이
영어 통역사 되다

1

영어를 좋아할 수가 있나요?

영어 통역사가 된 후, 내가 가장 많이 듣는 질문은 바로 "어떻게 하면 영어를 잘하나요?"이다. 그리고 나의 대답은 늘 하나였다. "영어를 좋아하시면 됩니다!" 이에 돌아오는 질문도 늘 하나였다. "영어를 좋아할 수가 있나요?" 평소에는 그저 웃으며 넘어간 질문이지만 오늘은 한번 진지하게 이야기해 보려 한다. 대답을 먼저 하자면 누구나 영어를 좋아할 수 있다. 영어가 좋아지는 계기가 사람마다 다를 뿐이다. 나의 경우, 영어에 대한 사랑은 미국에 대한 동경에서 출발했다.

그 출발점은 어린 시절로 거슬러 올라간다. 부산에 사시던 할머니께서는 미국의 큰아버지 댁에 종종 여행을 다녀오시곤 했다. 그리고 여행을 마친 후엔 서울의 우리 집에 들르셨다. 우리 집에 도착하자마자 할머니는 여행 가방을 개봉하셨는데, 그 가방이 열리는 순간 온 집안에 미국의 향이 퍼지며 한국에서는 볼 수 없는 미국 물건들이 한가득 보였다.

나는 할머니의 여행 가방 개봉 시간이 너무 좋아서 할머니가 오시기로 한 날엔 늘 엄마에게 이렇게 말해두곤 학교에 갔다. 내가 오기 전까지는 할머니 가방을 절대 열지 말라고.

그때만 해도 미국 제품을 한국에서 많이 볼 수 없었기에 미국에서 건너온 물건은 뭐든 신기했고 설레었다. 할머니의 여행 가방엔 미국에 사는 사촌 언니가 보내주는 옷도 종종 들어있었는데 난 그 옷들이 정말 좋았다. 한국 옷에서는 볼 수 없는 색들이 많았기 때문이다. 원색 위주였던 당시의 한국 아동복과는 달리 미국에서 건너온 옷은 파스텔 톤이 많았다. 바닐라 향이 날 것만 같은 예쁜 파스텔 톤 위에 무슨 말인지 알 수 없어 마치 그림처럼 느껴지는 영어가 쓰여 있었다. 옷뿐만이 아니었다. 사탕, 인형, 머리끈 하나까지도 할머니의 미국 가방에서 나온 모든 물건은 나를 설레게 했다. 그렇게 미국 물건에 매료된 나는 미국에 가보는 것을 소원하게 되었다.

마침내 초등학교 때 가족여행으로 미국의 큰아버지 댁에 갈 기회가 생겼다. 처음으로 미국의 가정집, 미국인들, 미국의 10대를 직접 보았고 모든 것에 매료되었다. 할머니 가방에 실려 왔던 미국 향의 정체는 미국 가정집 세탁실에서 나는 세탁세제 향이었다. 미국 향의 정체를 찾아낸 지 얼마 지나지 않아 나는 미국인들에게 또 한 번 충격을 받았다. 눈이 마주치면 미소를 짓는 것이었다. 그들은 무언가를 주문할 때도 미소 지었고 긴 줄에 서서 기다리다가 뒷사람과 눈이 마주치면 웃으며 말을 걸었다. 조금만 스쳐도 멈춰 서서 반드시 사과했다.

나는 아주 어렸을 때부터 누가 실수로 치고 지나가면 반드시 따라가서 물었다고 한다. "왜 치고 지나가세요?"라고. 그런 나를 보며 엄마는 내가 외동딸이라 사람들과 부대끼며 사는 법을 모르는 게 아닐까 걱정하셨다고 한다. 하지만 나는 사회성이 없는 것이 아니었다. 타인을 치게 되면 사과를 하는 게 맞다! 하지만 이런 나의 간곡한 마음이 한국에서는 무시되고는 했다. 하지만 미국은 아니었다. Thank you와 Oh, sorry. Excuse me의 천국이었다.

한국과는 전혀 다른 이국적인 환경에 나는 정신을 차릴 수 없었다. 그때부터 나는 미국이라는 나라를 꿈꾸기 시작했다. 툴툴거리는 느낌이 강하게 느껴졌던 한국인들과는 달리 밖으로 활짝 열려 있는 친절한 미국인들을 보면 내 마음도 한결 가벼워지는 기분이었다. 할머니 가방 속에 담겨 건너온 미국 물건이 건네준 설렘에 환한 느낌을 주는 미국인들에 대한 호감이 합쳐져서 나에게 미국은 마치 파라다이스같이 느껴지기 시작했다. 미국을 동경하게 된 것이다. 그때에는 인터넷도 발달되지 않았고 스마트폰도 없었다. 다른 문화권의 콘텐츠를 쉽게 볼 수 있는 때가 아니었기에 그 낯선 풍경과 느낌은 더 특별하게 다가왔고 그에 대한 동경은 더 깊숙이 자리 잡았다.

그렇게 미국에 대한 동경을 품은 채 10대를 보내고 대학생이 되었다. 그리고 2004년, 다시 한번 큰아버지 댁에 놀러 갈 기회가 생겼다. 큰엄마는 가고 싶은 곳이 없는지 물어보셨지만 나에게 특별한 여행지는 필요 없었다. 그저 미국인들의 하루를 직접 보고 경험하고 싶었다. 그래서 나는 큰엄마, 큰아빠, 사촌 언니가 평소에 생활하며 다니는 곳, 일하는 곳에 따라다니고 싶다고 했고 그렇게 나의 20일간의 간접 미국 생활이 시작되었다.

도착한 다음날부터 당장 큰아빠의 출근길에 따라나섰다. 큰아빠가 일하시는 동안에는 근처를 혼자 배회하며 모든 것을 유심히 관찰했다. 건물 앞에 몇 시간이고 서서 지나가는 사람들을 구경하고 큰 아빠의 퇴근길에 함께 집으로 오며 차창 밖의 미국 노을과 풍경, 고속도로, 건물들을 구경했다.

무엇이든 꼼꼼하게 보았고 애정을 담아서 보았다. 그만큼 하나를 보면 열 이상이 느껴졌다. 음식점에 가서도 미국인들은 주로 어떤 자세로 밥을 먹는지 주문을 할 때 쓰는 저 몸짓은 무엇을 뜻하는 것인지 등 눈에 보이는 모든 것을 알고 싶었고 따라 하고 싶었다.

그러던 어느 날, 언니가 날 파티에 데려가겠다고 했다. 나는 너무 신나고 기대되었다. 동시에 언니 얼굴에 먹칠하면 안되지 싶어 신경 써서 예쁘게 꾸몄다. 준비를 마치고 나온 나를 본 언니는 큰엄마에게 "She looks gorgeous!"라고 말했는데 난 그 순간 또 한 번 두근거리고 말았다. 칭찬을 받았기 때문이냐고? 아니다. 내가 she 즉, 그녀로 불리었기 때문이다. "그게 왜?"라는 목소리들이 들리는 듯하니 조금 더 설명해보겠다.

그때까지 한국에서 나는 그냥 '승원이', '애', '쟤'일뿐이었는데 내가 '그녀'라고 불리다니… 로맨틱했다. 그녀라니! 사촌 언니와 큰엄마는 나보다 나이도 많고 어른인데 나를 그녀라고 불러주었다. 왠지 훌쩍 아가

씨가 되어 어른 대접을 받는 기분이었다. 큰엄마, 언니, 나는 다른 나이였지만 영어로는 모두 다 she였다. 평등과 매너 그 자체였다. 미국 물건으로 시작해 미국을 동경하던 나는 내가 처음 she로 불린 그 순간 영어의 매력에 빠지기 시작했다. 하지만 모든 이들이 어린 시절 할머니 가방에 실려 온 미국 물건이나 미국인의 친절한 미소를 계기로 영어를 좋아하게 되는 것은 아니다. 사람은 각자의 방식으로 무언가를 좋아하기 시작한다. 우리 모두가 같은 날, 같은 계기로 영어를 좋아할 수는 없다. 하지만 누구나 어느 순간 갑자기 영어가 좋아질 수는 있다. 지금까지 한 번도 영어가 좋다고 느껴진 적이 없다면 아직 영어를 좋아할 만한 계기를 만나지 못한 것뿐이다.

많은 이들이 "나는 영어 체질이 아니야. 나는 영어가 싫어."라고 한 번 믿어버리면 그 생각을 바꾸려 하지 않는다. 하지만 지금 영어를 좋아하지 않는다고 해도 영어를 좋아할 만한 계기를 마련하는 좋은 방법이 하나 있다. 바로 영어를 정말 좋아하는 사람에게 영어에 관한 이야기를 들어보는 것이다. 무언가를 좋아하는 마음은 숨기려 해도 절대 숨길 수 없다. 그리고 애정에 기반한 긍정적인 기운은 쉽고 빠르게 퍼지는 특징이 있다. 그래서 영어를 좋아하는 사람과 이야기해보면 영어에 대한 긍정적인 기운을 느낄 수 있고 영어가 지금까지와는 다르게 보일지도 모른다. 그래서 영어에 대한 내 관점에 긍정적 변화가 일어날 수도 있다. 영어를 좋아하는 마음으로 영어 실력까지 향상시킨 사람이라면 분명 그만의 꿀팁도 쌓여 있을 것이다.

나는 여러분이 "영어를 좋아할 수 있나요? 어떻게 하면 영어를 좋아할 수 있죠?"라는 질문을 하기 전에 스스로 왜 영어를 배우려 하는지 확실히 하기 바란다. 굳이 영어를 좋아하지 않아도 되는 경우도 있기 때문이다. 다른 목표를 위한 수단으로 영어가 필요하다면 영어를 좋아하지 않아도 잘할 수 있는 방법은 많다. 예를 들어 이직을 위해 6개월 안에 높은 토익 점수가 필요하다면 토익 만점자 혹은 토익 스타강사에게 토익 영어를 배우면 된다. 수능 영어를 잘 보고 싶으면 수능 영어 만점자 혹은 수능 영어 전문가에게 수능 영어 공부법을 배우면 된다. 영어를 좋아하지 않아도 된다. 하지만 만약 여러분이 영어를 좋아하고도 싶고 잘하고도 싶은데 좋아할 만한 계기를 찾지 못하고 잘하는 방법도 모르겠다면 누구와 함께해야 할까? 토익 만점을 위해 토익 스타강사를 찾아가듯 영어를 좋아하고 그 좋아하는 마음으로 영어 실력을 향상시킨 사람을 찾아가야 한다. 오랜 기간 애정으로 영어를 관찰하고 분석하고 영어를 잘하기 위한 전략을 짜온 사람, 통역사가 되기 위한 수단으로 영어를 공부한 것이 아니라 평생 영어와 함께하고 싶어서, 평생 영어를 공부하고 싶어서 통역사라는 직업을 택한 사람이라면 어떤가?

그 사람은 바로 나다. 내가 미국인보다 영어를 더 잘한다고 말할 순 없다. 하지만 영어에 대한 애정만큼은 내가 더 크고 깊다고 자신 있게 말할 수 있다. 앞으로 이 책을 통해 내가 제시하는 방법으로는 단기간에 토익 만점을 받을 수는 없을 것이다. 당장 수능을 코앞에 둔 수험생에게 맞는 공부법도 아니다. 하지만 나는 토익 만점 대신 다른 것을 보장해

줄 수 있다. 나와 함께 한다면, 내가 제안하는 방법으로 영어에 접근한 다면 여러분은 영어가 좋아질 것이다. 그리고 여러분이 스스로에게 기대하고 상상해왔던 수준보다 조금 더 많이 영어를 잘하게 될 것이다.

2

평범한 미대생이 영어 통역사가 되다

나는 내 첫 직장이 싫었다. 내 업무를 마음대로 휘두르는 비조직적인 그곳이 싫었고 마음대로 휘둘림당할 수밖에 없는 비전문적인 내가 싫었다. 작은 규모의 회사에 입사한 나는 누구나 하루 이틀이면 따라잡을 수 있는 업무를 할당 받았다. 즉, 내가 내일 당장 회사에서 사라진다 해도 누구나 바로 나를 대체할 수 있다는 뜻이었다. 내가 좋아하는 일도, 원하는 일도, 잘하는 일도 아닌 그날그날 회사가 필요로 하는 일을 하는 나였다. 직장에서 내적인 욕구가 전혀 충족되지 않았기에 나는 그 부분을 보상받고 싶었다. 그래서 내가 원하는 것, 내가 좋아하는 것으로 내 속을 꽉꽉 채우기 위해 발버둥 쳤다. 그래서 퇴근 후엔 영어 학원으로 뛰어가 영어를 듣고 보고 읽고 말하며 영어와 눈물겨운 재회를 했다.

주말이면 서점으로 뛰어가 책에 푹 빠져 살았다. 짜릿한 반전이 담긴 성공서와 자기계발서를 주로 읽었다. 그러던 어느 날 우연히 영어 통역사가 쓴 책을 발견했다. 첫 장을 펼침과 동시에 나는 그 자리에 서서 한 권을 다 읽어버렸다. 영어 통역사가 어떤 직업인지, 통역사가 되기 위해 어떻게 공부했는지, 통역사로서의 삶은 어떤지 등의 이야기가 마치 내가 이미 통역사가 된 듯 느껴질 정도로 상세하고 생생하게 담겨있었다. 그리고 책을 덮으며 결심했다. '영어 통역사가 되어야겠다.'

그 책을 읽기 전까지만 해도 나는 내가 처한 상황이 마음에 들지 않는다는 것만 알고 있었다. 구체적으로 내가 무엇을 '원하는지' 무엇이 '되고 싶은지'는 몰랐다. 하지만 그 책을 읽어 내려갈수록 흩어져 있던 퍼즐이 맞춰지는 느낌이 들었다. 그리고 책을 덮는 순간, 모든 퍼즐이 맞춰지며 답이 나왔다. 책을 읽으며 나는 내 마음속 이야기를 들을 수 있었다. 내가 원하는 것은 대체 불가능한 전문성이었다. 그리고 영어와 늘 함께하고 싶었다. 즉, 나는 영어 통역사가 되고 싶었다.

나의 목표를 발견하자 뛰는 가슴을 진정시킬 수 없었다. 그렇게 찾아 헤매던 내 인생의 목표를 우연히 발견했다는 사실이 믿기지 않았다. 어렵게 찾은 내 목표가 너무 소중해서 바람에 실려 날아가지는 않을까 두려웠다. 그래서 그 후로 오랫동안 아무에게도 말하지 못하고 속으로만 간직하고 있었다. 한편으로는 내가 과연 할 수 있을지 엄두가 나지 않았던 것도 사실이다. 그렇게 몇 달이 흐르고 첫 직장에서의 일 년이 지났다. 악몽의 첫 직장에서 탈출한 후, 몇 달 더 꾸물거리던 나는 우선 분위기만 파악하자는 마음으로 통번역대학원 입시학원을 찾았다.

첫 수업 시간, 사방으로 눈과 귀를 활짝 열고 강의실 구석에 자리를 잡았다. 드디어 수업이 시작했다. 한 마디로 어마어마했다. 나는 그때까지 그저 영어가 좋고 재미있어서 혼자 파고들었던 것뿐인데, 그곳에 모여 있는 수강생들은 그런 취미 수준의 영어를 하는 것이 아니었다. 그곳에서는 경이로운 광경이 펼쳐지고 있었다. 강사가 몇 분 동안 영어를 들려주고 호명하면 그 사람은 방금 들은 내용을 한국어로 조리 있게 말했다. 반대 상황도 마찬가지였다. 나는 들려주는 영어를 알아듣기도 버거운데, 그 길고 어려운 영어를 듣고 바로 한국어로 말하다니?

수업이 끝날 때쯤 알았다. 그것이 통역이었다. 심지어 옆 사람이 하는 것을 듣고 이 부분은 빠졌고 이 부분은 틀렸다며 피드백을 주는 시간도 있었다. 너무 어려워 보여 심장이 쿵쾅대고 너무 높아 보이는 산이라 두려움에 눈물이 날 것 같았지만 한편으로 나도 하고 싶었다. 너무 하고 싶었다. 잘하고 싶었다.

10년 동안 미술을 전공하며 3번의 입시를 경험했다. 아직도 그 시절 이야기가 나오면 엄마는 나에게 '커트라인 인생'이라 농담하시곤 한다. 말 그대로 예중, 예고, 미대 진학을 위한 모든 입시에서 나는 늘 간당간당 커트라인에 걸려 있었다. 매번 떨어지면 어쩌나 걱정했다. 그뿐이었다. '떨어지면 안 되는데.' 하지만 통대 입시학원에서의 첫날 이후 나는 미대 입시 때와는 차원이 다른, 지금껏 한 번도 보지 못한 나의 모습과 마음가짐을 느꼈다. 미술 전공생이었던 시절의 나는 단 한 번도 내가 무언가를 못해서 분함을 느낀 적은 없었다. 그런데 통대 입시학원을 다니기 시작한 후부터 나는 수업이 끝날 때마다 화가 났고, 울고 싶었고, 답답했고, 분했다. 다른 사람을 이기고 싶은 경쟁심 때문이 아니었다. 하기 싫고 어려워서 울고 싶었던 것도 아니었다. 너무 잘하고 싶은데 내 마음만큼 들리지 않고 나오지 않는 내 실력이 너무 답답했다. 내 머릿속은 온통 '잘하고 싶다.', '어떻게 해야 하지?'라는 생각으로 가득 차 있었다.

미술 전공생 시절, 선생님들은 늘 나에게 '완성도가 부족하다. 뒷심이 부족하다. 마무리를 잘 해라.'라고 하셨다. 그런데 나에게는 그 말들이 미술 공부 그리고 수업에 큰 흥미를 보이지 않고 겉으로만 도는 나의 행동 가짐을 에둘러 비꼬기 위한 말들 같아서 늘 듣는 둥 마는 둥 했다. 그렇게 앞에서는 반항하고 뒤에서는 몰래 완성도를 높이기 위해 노력해 본 적도 많았지만, 잘되진 않았다. 그래서 나는 스스로 '아, 나는 정말 뒷심이 부족하구나.'라는 생각을 했었다.

그런데 아니, 전혀 아니었다. 내가 뒷심이 부족한 것이 아니었다. 단지 없는 힘까지 짜내서 끝까지 이를 악물고 할 만큼 미술을 잘하고픈 욕심이 들끓지 않았던 것뿐이었다. 하지만 통역 공부를 시작한 나는 잘하고 싶다는 마음이 너무 강해서 잠이 오지 않는 날들도 많았다. 오늘 더 잘하는 나를 보고 싶었는데 시간이 늦어서 자야 할 때면 억울했다. 얼른 내일이 와서 실력을 빨리 더 올리고 싶다는 생각에, 그리고 오늘 향상한 실력이 내일 수업 시간에 드러날까 라는 설렘에 뜬눈으로 밤을 지새우며 다음날을 기다린 적도 많았다.

나는 늘 누구보다 늦게까지 남아 공부했고, 풀리지 않는 문장은 끝까지 물고 늘어졌다. 10년 동안 꼬리표처럼 따라다녔던 부족한 뒷심의

나는 이제 없었다. 하루가 내 인생의 전부인 것처럼 살았고 그 하루를 영어 공부만 하며 지냈다. 그렇게 5년이라는 인생을 영어 그리고 통역만을 위해 살았고 결국 간당간당한 미대생에서 전문성 없는 중소기업 사원을 지나 영어에 미친 예비 통역사를 거쳐 영어 통역사가 되었다.

좋아하는 일을 하라는 말을 많이들 한다. 하지만 좋아하는 것이 무엇인지 아는 것은 생각보다 참 어렵다. 그런데 내가 무엇을 좋아하지? 란 질문을 붙잡고 늘어지면 답이 나오지 않는다. 나도 마찬가지였다. 지금 내가 무엇을 하고 싶은지, 무엇을 좋아하고 잘하는지 알 수 없는가? 지금의 삶은 무언가 아닌 것 같은데 딱히 어디서부터 바꿔야 할지 몰라 답답한가? 그럼 '내가 무엇을 좋아하지?'라는 질문 대신 다음 두 개의 질문을 스스로 던져보라.

지금 내 삶(직업)의 어떤 점이 싫은가?
그 싫은 것을 겨우 버틴 후 보상심리로 나는 무엇을 하는가?

이 질문에 대한 대답에서 내가 원하는 조건과 내가 무엇을 좋아하는지 알 수 있다. 그 후, 그 두 개, 즉, 나의 니즈(needs)와 기호를 동시에 충족하는 일이 무엇인지 찾아라. 바로 답이 나오지 않을 수도 있다. 하지만 늘 촉을 세우고 지내라. 그러다 보면 어느 날 우연히 하지만 반드시 가야 할 방향이 보일 것이다. 그때, 뛰어들어라.

변화는 두렵다. 하지만 내가 원하는 변화로 가는 길은 설렌다. 물론 그 설레는 길 위에서도 지치곤 한다. 주저앉아 일어서지 못하고 목표까지 가지 못하는 경우도 있다. 하지만 그렇다고 나 자신에게 싫은 소리를 하거나 실망하지 마라. 주저앉아 일어서지 못하는 길이라면 그 길에 내가 쏟을 수 있는 애정과 에너지가 거기까지인 것뿐이다. 내 길이 아닌 것이다.

태어나서 처음 택한 길을 평생 가야 한다는 법도 그 길이 나를 위한 길이어야 한다는 법도 없다. 나도 나의 길을 27살에 찾았다. 그리고 그 후로 단 한 순간도 한눈팔지 않고 10년째 걸어오고 있다. 언젠가는 또 다른 길을 택하게 될지도 모른다. 나에게 또 다른 니즈와 기호가 생긴다면 말이다. 지금 서 있는 그곳이, 지금 걷고 있는 그 길이 나에게 가장 중요한 가치와 내가 가장 좋아하는 것을 모두 반영하고 있는지 확인하라. 직업적인 조건을 이야기하는 것이 아니다. 내가 하는 일은 곧 내 인생이다. 내 일에는 반드시 내가 가장 중요하게 생각하는 가치가 반영되어 있어야 하며, 내가 가장 좋아하는 것이 늘 함께해야 한다.

내 인생에서 가장 중요한 가치는 자율성과 대체 불가한 독자성이다. 이는 직업뿐 아니라 가족, 우정, 사랑, 인간관계 등 모든 곳에 적용되는 내 인생의 지배가치다. 또 내가 가장 좋아하는 것은 영어 그리고 언어다. 지금 내가 하는 일인 영어 통역과 영어 강의는 이 둘을 모두 반영하고 있다.

1년의 세월을 작은 회사에서 지내며 끔찍함에 격하게 몸부림쳤고, 격하게 몸부림쳤기에 그만큼 강한 보상심리가 생겼다. 그래서 내 에너지를 모두 쏟아가며 보상 거리를 찾아 헤매다 보니 내가 진정으로 원하는 인생의 목표를 우연히 발견했다. 그리고 목표를 발견한 순간부터 지금까지 힘들어서 주저앉을 때마다 날 일으켜 세웠던 건 바로 격하게 치를 떨게 했던 나의 비전문적인 모습, 내가 싫어하는 업무를 할 때의 피가 거꾸로 솟는 그 느낌이었다. 그렇게 일어선 나를 다시 묵묵히 걸어갈 수 있게 만들었던 건 내가 너무, 너무나 좋아하는 영어와 통역을 잘하는 내 모습을 보고 느끼고 싶은 나를 향한 내 욕심이었다.

지금 당신의 모습이 싫은가? 지금 하는 일이 괴로운가? 지금 자신의 모습이 싫을수록, 지금 자신의 일이 싫을수록 당신은 어마어마하게 운 좋은 사람이다. 무언가를 강하게 싫어한다는 것은 그 이면에 강하게 선호하는 무엇인가 반드시 있다는 뜻이기 때문이다.

그리고 당신이 원하는 길 위에 섰을 때 수백 번 넘어진 당신을 수백 번이고 일으켜 세우는 것은 지금의 그 치 떨리게 싫은 감정이다. 당신은 싫어하는 곳으로 되돌아가기 싫어서, 스스로 좋아하고 원하는 모습에 더 가까워지고 싶어서 일어서고 또 일어설 것이다.

이 장에서만큼은 구글 영어를 이야기하는 것도 아니고 영어 공부를 이야기하는 것도 아니다. 지금 당장, 내가 서 있는 곳과 내가 걷고 있는 길을 생각해보라. 그리고 앞서 이야기한 두 가지 질문을 던져보라. 그 질문을 해보는 것만으로도 이미 당신에게는 어마어마한 변화가 시작된다. 그리고 그 질문의 답을 찾거든, 주저 말고 뛰어들어라. 지금 당신이 느끼는 자신 그리고 당신에 대한 다른 이들의 평가는 당신의 것이 아니다. 당신이 진정 원하는 길 위에 첫 발걸음을 올려놓는 순간, 상상조차 해본 적 없던 당신을 보게 될 것이다. 당신의 인생은 언제든 바뀔 수 있다. 궁금하지 않은가? 진심으로 좋아하는 것을 마주한 당신의 모습, 그리고 그로 인해 바뀌게 될 당신의 인생이.

3

콤플렉스를 이겨내야 영어가 된다

모든 것이 완벽해 보이는 37살 미자 씨에게는 사실 아무도 모르는 약점이 하나 있다. 바로 좋아하는 남자 앞에만 서면 긴장하는 탓에 평소보다 더 무뚝뚝해진다는 점이다. 어쩔 수 없다며 포기하고 지내던 작년 여름, 동호회에서 알게 된 한 남자에게 마음을 빼앗긴 미자 씨는 이번만큼은 꼭 본인의 약점을 극복하고 연애에 성공하리라 마음먹었다. 그리고 친한 지인 두 명을 포섭했다.

약점과 콤플렉스는 같은 말일까? 비슷한 듯 보이지만 엄연히 다르다. 약점은 현재 나에게 부족한 부분이다. 그렇기에 그 부족한 부분을 채우고 보강하면 충분히 극복할 수 있다. 반면 콤플렉스는 약점을 극복하지 못했을 때 생겨나는 삐뚤어진 믿음이다. 내 안에 한번 자리 잡으면 부정적인 메시지를 계속 던져서 결국 아무것도 하지 못하고 포기하게 만드는 무서운 존재다. 그래서 약점을 발견했다면 얼른 극복해서 콤플렉스로 자리 잡지 않도록 해야 한다.

그렇다면 약점은 어떻게 물리칠 수 있을까? "2+2 전략"으로 가능하다. 두 사람과 가까이 지내며 두 가지를 배우는 것이다. 가까이 지내야 하는 두 사람은 내 약점 즉 내가 부족한 부분을 오히려 강점으로 갖고 있는 사람과, 나와 같은 약점을 갖고 있었지만 스스로 극복해낸 사람이다. 전자가 어떻게 생각하고 행동하는지 자세히 관찰하여 배우고, 후자가 어떻게 그 약점을 이겨냈는지 그만의 노하우를 흡수하는 것이다.

약점이 있다고 무너질 것 없다. 무너질 시간도 없거니와 무너질 이유도 없다. 우리가 할 일은 우리의 약점을 인정하고 2+2 전략으로 약점이 콤플렉스로 뿌리내리는 상황을 막는 것이다.

우선, 내 약점을 인정할 수 있는 용기가 필요하다. 발전은 그 순간부터 시작된다. 그렇다면 영어에 있어서 우리의 약점은 무엇일까? 영어 한마디를 꺼내기 위해 몇 분 동안 머릿속에서 그 문장을 내뱉어 보고 문법적으로 맞는지 확인에 또 확인을 해 본 경험이 있는가? 입을 떼기까지는 또 얼마나 망설여지는지. 겨우 용기 내어 말했는데 외국인의 "Excuse me?" 한 마디에 얼마나 얼굴이 화끈거리는지…. 다들 한 번씩 경험해 보았을 것이다. 이 모든 답답함은 낮은 원어민력이라는 하나의 약점 때문에 생겨난다. 이 부분이 우리의 약점이며 나도 경험한 약점이다. I want to 다음에 동사원형이 와야 한다는 압박감이 내가 하려는 말보다 먼저 생각나는 바람에 짧은 말도 입 밖으로 꺼내기 어려운 내가 얼마나 싫던지. 그래서 미드도 보고, 원어민 수업도 들어보고, 영어 동화책도 사보고, 강도 높기로 정평 난 암기 스터디만 골라서 온종일 외워도 보고, 해볼 수 있는 모든 건 다 해보았다. 그런데 그곳에 답은 없었다. 그럼 이 약점을 극복하기 위한 2+2 전략은 무엇일까?

가까이해야 할 두 사람

1) 우리가 부족한 원어민력을 강점으로 가진 사람

영어 원어민력이 강점인 사람은 누구일까? 그렇다. 미국인이다. 그럼 미국인을 어떻게 가까이해야 할까? 미국인을 직접 만나는 건 아직 부담스러운데 말이다. 그럴 때 필요한 3종 세트를 이 책을 통해 소개하고 있다. 바로 구글, 스팸 메일, 트위터다. 이 셋을 활용하면 누구와 연결되는가? 그렇다. 미국인이다. 이 3종 세트를 가까이한다는 건 미국인과 한 걸음 더 가까워진다는 뜻이다. 그러니 지금, 이 순간부터 구글, 스팸 메일, 트위터를 가까이하자.

2) 낮은 원어민력을 극복해 낸 사람

나는 한국에서 나고 자랐다. 미국에서 교육받은 적도 없고 영어를 전공하지도 않았다. 10년 전, 내 안은 콩글리시와 낮은 원어민력으로 가득했다. 하지만 나는 원어민력을 높이고 그를 기반으로 영어 실력을 높여 영어 동시통역사가 되었다. 그리고 10년이라는 기간 동안 내가 겪은 우여곡절, 실패, 성공, 지름길을 모두 합쳐 원어민력을 가장 재미있고 효과적으로 높이는 노하우를 이 책을 통해 공개하고 있다. 지금 여러분이 생각하는 영어에서의 약점이 내가 겪은 약점과 같다면 나의 노하우가 세세하게 담긴 이 책을 가까이하고 내 블로그와 유튜브에 있는 활용 예시들을 모두 흡수하고 궁금한 건 무엇이든 반드시 질문하고 답을 얻기 바란다.

배워야 할 두 가지

1) 원어민력을 느끼고 흡수하라.

방법은 이 책을 통해 자세히 다루고 있다. 구글, 스팸 메일, 트위터를 통해 미국인들은 어떤 사고방식으로 영어를 쓰는지 자주 보고 흡수하라.

2) 책에서 제시하는 방법을 하루 30분씩만 활용해 보라.

이 책은 원어민력을 느끼고 흡수할 수 있는 가장 효과적인 방법을 담고 있다. 이 책의 노하우를 행동으로 옮기며 원어민력을 높여라.

앞서 이야기한 미자 씨 이야기로 다시 돌아가 보자. 미자 씨가 포섭한 두 명은 스무 살 때부터 한 번도 연애를 쉰 적이 없는 타고난 연애 고수 고등학교 동창 세나 씨 그리고 최근 40년 모솔 생활을 청산하고 불타는 연애에 돌입한 사무실 옆자리 순애 씨였다. 미자 씨는 세나 씨를 따라다니며 세나 씨가 좋아하는 남자 앞에서 어떻게 행동하는지 어떤 말을 하는지 자세히 관찰하고 또 관찰했다. 그리고 그런 세나 씨의 생각과 행동, 말하는 방식을 흡수한 미자 씨는 조금씩 달라지기 시작했다.

모솔 생활을 청산한 순애 씨에게도 적극적으로 조언을 요청했다. 사실 미자 씨는 타고난 연애 고수인 세나 씨보다 순애 씨가 더 편했다. 순애 씨는 미자 씨의 마음을 잘 이해해주었고 미자 씨가 흔들리려 할 때마다 극복하는 노하우도 알려 주었기 때문이다. 순애 씨는 첫 데이트 전에 떨리는 마음을 어떻게 진정하는지부터 모쏠이라는 사실이 들키려는 위기의 순간을 어떻게 극복해야 하는지까지 경험에서 얻은 살아있는 조언을 총동원하여 미자 씨를 도와주었다.

미자 씨는 연애력이 높은 세나 씨처럼 되는 것을 목표로 삼고 그 목표를 이루기 위한 실질적인 노하우는 순애 씨에게 얻었다. 완벽한 2+2 전략이었다. 이렇게 노력한 덕분에 연애만큼은 자신이 없다며 늘 소심한 태도로 일관하던 미자 씨는 지금 신혼의 재미에 흠뻑 빠져 꿈같은 나날을 보내고 있다. 그런데 미자 씨가 연애력이 낮다는 본인의 약점을 극복하기 위해 2+2 전략을 쓰지 않고, 있는 그대로 지냈다면 어땠을까?

이제 여러분도 행동으로 옮기는 일만 남았다. 낮은 원어민력이 내 영어 실력에 있어서 가장 큰 약점임을 알고 있음에도, 그리고 2+2 전략을 알고 있음에도 아무런 행동을 취하지 않는다면 어떻게 될까? 그 약점이 콤플렉스가 되어 여러분을 잠식하기 전에 얼른 벗어나라.

이번 기회를 잡지 않고 흘려보내면 낮은 원어민력이라는 약점은 영어가 필요한 순간마다 여러분의 발목을 잡을 것이다. 여러분은 낮은 원어민력을 더 깊이 숨기기 위해 영어를 써야 하는 상황을 피해 다니게될 것이고 말이다. 하지만 피하면 피할수록 숨기려 하면 할수록 그 약점은 더 커져서 결국 여러분을 압도하고 말 것이다. 그때부터 여러분에게 '내 영어는 콩글리시야.'라는 약점은 없어질 것이다. 대신 여러분에게는 '나는 영어를 못해.'라는 콤플렉스가 생길 것이다.

　나는 이미 자리 잡은 영어 콤플렉스를 없애는 법은 모른다. 하지만 콤플렉스에 대해 아는 것은 있다. 콤플렉스는 떨쳐내는 사람보다 평생 안고 살아가는 사람이 더 많다는 것, 하나의 콤플렉스는 또 다른 콤플렉스를 가져올 수밖에 없다는 것, 그리고 우리의 인생은 콤플렉스를 줄줄이 안고 숨어 살아가기엔 너무나 아까운 아름다운 날들이라는 것이다.

4

영어는 학습하는 것이 아니라 습득되는 것

대학교 3학년 때 난생처음으로 명품가방이 생겼다. 나는 그 가방이 너무 좋고 소중해서 밖으로 들고 나갈 수조차 없었다. 딱 한 번 들고 나갔었는데 너무 불안한 나머지 가방을 사면 보관할 때 넣어두라고 주는 더스트 백(Dust bag)을 함께 들고 나가서 그 안에 가방을 넣어 두었다. 당시의 나에게 명품가방이란 가져본 적도 없고 쉽게 가질 수도 없는 것이었기에 조금이라도 잘못될까 걱정되고 아까워서 전전긍긍했다. 그러느라 물건을 담아 다니지도, 명품가방을 샀다며 누군가에게 자랑하지도 못했다. 내 손에 들려 있는 가방을 어찌할 줄 몰라서 그저 실컷 애만 먹었다.

그렇게 소중해서 묵혀 두던 나의 첫 명품가방은 10년 후, 이사 가던 날 옷장 구석에서 발견되었다. 유행은 이미 지나 매지도 못하고, 중고 명품점에 가져가 보았지만 철이 지나도 한참 지났다며 매입하지 않겠다고 했다. 한때는 너무 소중해서 들고 다니지도 못 했던 명품가방을 짐짝처럼 들고 터덜터덜 집으로 걸어오며 생각했다. '그냥 열심히 들고 다닐걸.'

사람은 어렵고 힘들게 무언가를 얻으면 잃어버릴까 불안해하며 과하게 아끼고 보호한다. 그러다 보면 그만의 귀한 값을 제대로 발휘할 기회조차 얻지 못한다. 오죽하면 '아끼면 똥 된다.'라는 말이 있으랴. 이런 심리는 비단 비싼 물건에만 해당하는 것이 아니다. 영어에도 마찬가지 심리가 작용한다. 우리는 영어를 너무 아낀다. 그 이유는 우리가 영어를 너무 어렵게 애를 쓰며 얻기 때문이다. 5개나 되는 영어의 형식을 배우고 하루에 몇십 개나 되는 단어를 외우는 것도 모자라 각 단어가 문장 안에서 어떤 역할을 하는지 그 역할의 이름까지 외운다. 이렇게 우리에게 영어는 시작부터 어려웠고 애를 써야만 얻을 수 있는 명품가방 같은 대상이었다.

영어를 문법으로 먼저 배우는 것에 반대하는 움직임은 이미 일어나고 있다. 그 움직임에 동참하기에 앞서 어렵게 배우는 영어의 가장 큰 폐해가 무엇일지 한 발짝 더 깊이 생각해보고 싶다. 영어를 어렵게 배우면 영어를 쉽게 쓰지 못한다. 이것이 가장 큰 폐해다.

중학교 2학년 중간고사 때, want 다음에 to를 붙이지 않았다는 이유 하나로 7점이 깎인 적이 있었다. 선생님께서는 want 다음에 to를 쓰지 않았다는 건 내가 영어의 '영'자도 모른다는 뜻이라며 10점을 깎으려다 7점만 깎았다고 선심 쓰듯 말씀하셨다. 그리고 그 to 하나로 나는 반에서 전체 등수가 10등 이상 밀려 내려갔다. 이렇듯 영어에서 한 아주 작은 실수 하나로 인해 어마어마한 후폭풍을 맞아 본 경험이 다들 한 번씩은 있을 것이다. 그래서 우리의 본능은 '영어는 절대 틀리면 안 돼!'라고 인식하고 있다. 그리고 이를 악물고 영어를 필요 이상으로 격하게 아끼게 된다. 그 결과, 너무 아끼는 나머지 말 한마디 내보낼 때도 신중에 신중을 기하는 버릇이 생기고 만다.

"진정한 부자는 말이야… 베풀기 선수라네. 더 정확히 말하면 잘 내어놓을 줄 알지. 왜냐, 돈 벌기가 '어렵다'라고 생각하지 않으니까. 들어오는 즉시 내어놓는다네. 사람은 쉽게 들어오는 물건일수록 쉽게 내놓는 법이라네. 마치 공기를 들이마신 뒤 바로 내쉬는 것과 같지"(『하느님과의 수다』, 사토 미쓰로, 2015).

사전에서 '습득'의 뜻을 찾아보다가 재미있는 걸 발견했다. "주워서 얻음"이라는 뜻이 있었다. 그렇다. 우리는 영어를 습득해야 한다. 길을 걸어가다 우연히 동전을 줍듯 원어민 영어 세계를 돌아다니다가 눈에 띄는 영어를 주워서 얻으면 된다.

영어를 쉽게 얻으면 쉽게 쓰게 된다. 영어를 쉽게 쓸 수 있다는 건 영어 한마디를 말하기까지의 시간이 단축된다는 이야기이고 영어 한 단어를 입 밖으로 꺼내기까지 복잡한 고민의 과정을 거치지 않는다는 이야기다. 왜? 우리가 영어를 습득하는 과정이 복잡하거나 오래 걸리지 않았기 때문이다. 나도 딱딱한 영어에서 벗어나 영어를 주워서 쉽게 얻는 방식을 취하기까지 오랜 시간이 걸렸다. 영어는 시험 보는 과목, 암기과목, 어려운 과목이라는 선입견이 있었기에 재미있게 놀다가 우연히 '습득'한 무언가로 대하기가 어려웠다. 하지만 나의 목적이 시험 성적 향상이 아닌 원어민력 향상이 된 순간부터 이야기는 달라졌다.

다시 한번 말하지만, 영어를 받아들일 때 애를 쓰면 영어는 힘든 것이라는 선입견이 생긴다. 그리고 힘들게 받아들인 만큼 사용할 때도 애를 쓰게 된다. 지금부터 우리가 할 일은 한국식 사고와 한국어 문장 자체에서 벗어나고 그와 동시에 이곳저곳에서 원어민력 높은 영어를 주워 습득하는 것이다. 명품가방 앞에서 벌벌 떨던 나도 이제는 명품가방을 똥이 될 때까지 아끼지 않는다. 그리고 무겁기만 한 명품가방 대신 매일 손쉽게 들고 다닐 수 있는 실용성 있고 쓰기 편한 가방을 사서 들고 다닌다. 명품가방을 들고 나갈 일이 있더라도 신줏단지 모시듯 들고 다니지도 않는다. 조금 더 클래식하고 비싼 명품가방은 내가 참석한 그 자리와 상황에 내가 보이는 예의 그 이상 그 이하도 아니기 때문이다.

영어도 마찬가지다. 여러분은 영어가 어렵고 힘들게 배우는 것이며 그렇기에 배운 그대로 고심하고 조심스레 써야 한다고 생각해왔을 것이다. 하지만 이제는 아니다. 우선 지금 당장 내 눈앞에 보이는 영어 중에서 내 마음이 가는 영어를 하나둘씩 주워서 가져오는 것이 진정한 영어 실력향상, 원어민력 향상의 첫걸음이다. 그리고 눈앞의 영어를 쉽게 줍기 위해 매일 구글, 스팸 메일, 트위터를 활용하면 된다. 이 3개의 매체를 활용한 영어 공부법을 매일 꾸준히 3개월만, 그것도 부담스러우면 한 달만 실행해보라. 그때부터 여러분의 영어는 더는 무겁고 다루기 어려운 명품가방, 더스트 백 속에 갇혀 있는 영어가 아니다. 여러분과 함께 어디든 훨훨 날아다니는, 자신에게, 자신의 몸에 꼭 맞는 가방이 될 것이다.

5

그래서, 통역사를 꿈꾸는 그대에게

여느 직업이 그러하듯 통역사들도 모이면 불평을 쏟아내곤 한다. 주로 나오는 하소연은 오랜 시간 이어진 통역으로 목이 아프다, 주제가 너무 어렵다, 연사 억양을 알아듣기 힘들다 등이다. 하지만 지금까지 그어느 통역사에게도 들어보지 못한 불평이 하나 있다. 바로 "저는 통역이 정말 싫어요."다. 통역을 싫어하는 통역사는 없다. 통역 도중 생기는 이런저런 불만을 토로하는 상황에서도 마음속에는 통역을 하며 느낀 뿌듯함과 짜릿함을 간직하고 있는 것이 느껴진다. 왜일까?

통역사라는 직업을 목표로 선택하고 그 목표를 이루기까지 쏟아붓는 노력과 시간 그리고 목표를 이룬 뒤 통역 현장에서 경험하는 긴장감은 절대 남이 시켜서 버틸 수 있는 무언가가 아니기 때문이다. 통역이라는 행위 자체에 애정을 갖고 매력을 느끼지 못한다면, 또 영어를 즐기면서도 평생 갈고닦아야 하는 과제로 기꺼이 안고 가지 못한다면 통역사로 버티지 못한다.

나는 예비통역사 시절에 통역사의 생활이 가장 궁금했었다. 내가 그리도 바라는 통역사라는 꿈을 이루었을 때, 내 생활이 어떠할지 조금이라도 더 알고 싶었기 때문이다. 검색 엔진에 통역사를 검색하고 유튜브에서 순차 통역, 동시통역을 수도 없이 찾아보곤 했다. 현역 통역사로 계시는 교수님들께서 통역 중 일어난 에피소드나 통역사로서 살아가는 이야기를 여담으로 들려주시면 두근거리는 마음을 애써 진정시키며 조금 더 가까이 마음과 귀를 기울여 하나하나 놓치지 않고 담아두려 했었다. 그렇게 통역사 생활을 듣고 간접체험을 해보는 것이 힘든 기간을 이겨낼 수 있는 당근 역할을 했다.

예비 통역사가 되기로 마음먹었는가? 국내파라면, 통역사 준비만을 위해 인생의 몇 년을 떼어놓고 시작하라. '통번역대학원은 들어가기도 졸업하기도 힘든 곳'이라는 말을 많이 들어보았을 것이다. 실제로 그렇다. 통번역대학원에서는 학생들이 통역할 만한 한국어와 영어 실력을 이미 갖추고 있다는 전제하에 수업이 진행된다. 그렇기에 입학 전까지 대학원에서 진행되는 수업을 따라갈 수 있을 정도의 한국어/영어 실력을 반드시 만들어 두어야 한다.

통번역대학원 입학 후에는 영어 실력을 향상시키기 위한 수업이 아닌 통역 훈련을 받게 된다. 수업 시작 전과 후에 파트너와 통역 스터디를 하고, 스터디가 끝나면 몇 시간은 혼자 복습, 과제 그리고 다음 스터디 자료 준비를 해야 한다. 수업 시간은 긴장의 연속이며 시험 때마다 긴장은 최고조에 달한다. 졸업을 위한 졸업시험은 존재만으로도 2년 내내 학생들에게 압박감으로 자리 잡는다. 통번역대학원 졸업장이 전문통역사가 되기 위한 자격증과 마찬가지기에 모두들 '수료'가 아닌 '졸업'을 하기 위해 노력을 쏟아붓는다. 그런데 이 과정이 몇 년이 걸릴지 아무도 알 수 없다. 우선 통번역대학원 입학까지 수 년이 걸리기도 하고, 대학원에 입학했다고 해도 졸업까지 수 년이 걸릴 수도 있다. 중간에 너무 버거워서 휴학하게 되면 기간은 당연히 더 늘어난다. 그렇기에 통역사가 되기 위한 첫걸음으로 통번역대학원 입학을 생각하고 있다면, 입학을 위한 준비 기간부터 졸업까지의 기간을 모두 합쳐 최소한 3년, 길게는 5년을 확보하고 시작하기 바란다.

통역사가 되었는가? 나만의 통역 전략을 세워라

통역사가 된 후에는 매일 함께 공부할 수 있는 스터디 파트너도, 매섭게 지적해주시는 교수님도 없다. 그렇기에 졸업한 후에는 통역 실력을 올리기 위해 스스로 분기별 전략을 세우는 것이 좋다. 예를 들어, 갓 대학원을 졸업한 신입 통역사라면 '첫 상반기에는 통역 시 긴장하지 않는 나만의 노하우를 터득하고, 회의 내용의 전체는 커버하지 못해도 최소한 60%는 잡아서 정확히 전달하자.'라는 목표를 세울 수도 있다.

나는 영한 통역과 한영 통역의 목표를 달리 잡고 있다. 현재 영한 통역의 목표는 '연사의 말을 90% 이상 알아들을 수 있을 만큼의 듣기 실력 갖추기, 오역은 5% 미만으로!'이다. 이를 위해 통역 중 확실히 이해하지 못한 부분이 나오면 연사에게 바로 다시 묻고, 묻지 못할 경우엔 오역보다는 누락을 택한다. 그리고 향후 틈이 날 때 연사에게 확인하곤 한다. 출퇴근 시간을 듣기 실력향상을 위한 시간으로 할애하기도 한다. 방법은 때에 따라 다르다. 특정 악센트가 어렵게 느껴질 때도 있고, 독해력이 부족하다고 느껴질 때도 있고, 빠른 속도로 발화하는 연사를 만나면 속도감 있는 리스닝 및 독해력 연습이 필요할 때도 있다. 배경지식이 부족하다고 생각될 때는 내가 맡은 회의에서 다루는 분야의 기사를 자주 읽고, 관련 영상을 찾아보는 방법을 택하기도 한다.

한영 통역의 목표는 '한국어에 얽매이지 않기, 영어 원어민이 알아듣기 쉽게 최대한 심플하면서 원어민력 높은 표현과 배열로 전달하기, 복잡한 내용일수록 더 천천히 또박또박 짧은 문장으로 전달하기'다. 이렇게 현재 나의 실력, 약점, 강점을 충분히 반영한 나만의 통역 전략을 세우길 추천한다. 그리고 이 목표는 분기별 한 번씩 새롭게 바꾸어라.

긴장을 이길 수 있는 유일한 방법은 탄탄한 실력을 갖추는 것이다

긴장감은 통역사를 늘 따라다닌다. 그리고 긴장감을 떨쳐낼 수 있는 유일한 방법은 어떤 상황이 와도 통역할 수 있다는 내 실력에 대한 믿음을 갖는 것이다. 그 믿음은 작년보다 올해, 지난달보다 이번 달, 어제보다는 오늘, 통역을 더 잘하기 위해 섬세하고 야무지게 다져온 내 실력을, 그리고 그를 위해 쏟아부은 나의 노력을 스스로 인정할 수 있을 때 생긴다.

통역사에게 통역과 번역 업무 외 다른 업무를 할당하지 않는 이유는 통역과 번역을 잘하는 것이 우리의 존재 이유이기 때문이다. 통역사는 통역을 잘해야 한다. 통역사로서 늘 당당하기 위해서 실력을 갈고 닦아라. 앞서 이야기했듯이 자신의 현재 실력을 기반으로 분기별 전략과 세부 목표를 세우고 그 목표에 도달하기 위한 방법을 고민하라. 그리고 그 목표를 분기마다 갱신하라. 이 행위를 계속 반복하라.

힘들게 이룬 여러분의 목표를 더 빛나게 만드는 법. 힘든 시간을 견뎌낸 여러분에게 여러분이 줄 수 있는 최고의 보상은 바로 그냥 통역사가 아닌 '통역 잘하는 통역사'가 되는 것이다. 다른 누구도 아닌 나 자신이 인정할 수 있는 통역 잘하는 통역사 말이다.

PART

02

내가 구글로
영어 공부하는 진짜 이유

1장

절대 실패하지 않는
구글 영어 공부법

1

수영을 배우자마자 접영을 할 수 없는 이유

어린 시절이든 성인이 되어서든 수영 강습을 받아 본 경험이 있을 것이다. 물에 뜨지도 못하는 수영 초보자에게 바로 접영을 시키는 경우가 있던가? 절대 없다. 만약 물에 대한 두려움이 있는 초보자에게 무턱대고 고난도의 접영을 시킨다면? 그러면서 지금 접영을 못 한다는 건 수영을 못 하는 거라고 윽박지른다면 어떻게 될까? 그 사람은 아마 평생 수영을 넘어 물 자체에 공포를 안고 살아갈지도 모른다. 무엇보다 중요한 건 아무리 윽박지른다 해도 수영 초보자들은 절대, 절대 접영을 할 수 없다는 사실이다. 마찬가지로 아직 입시 영어에 대한 두려움도 없애지 못한 우리에게 갑자기 미국드라마를 보여주며 다 알아들어야 한다고 압박하거나, 언어는 직접 부딪혀 가며 배워야 한다며 갑자기 외국인 앞에서 영어로 말해보라고 한다면 어떨까? 이 모든 것이 수영 초보를 무작정 물에 밀어 넣고 지금 당장 접영을 해보라고 하는 것과 무엇이

다른가?

　수영해본 적 없는 어린아이에게 수영을 가르친다고 상상해보자. 어떻게 해야 할까? 우선 물은 무서운 것이 아니라는 걸 알려주어야 한다. 그러기 위해서 아이에게 조금씩 물을 튀겨가며 장난처럼 재미있게 접근해야 한다. 아이가 조금씩 튀어오는 물을 장난으로 인식하고 재미있어하면 그때 아이를 풀 근처로 데려가서 발끝을 살짝 넣어보게 할 수 있다. 그렇게 천천히 물에 익숙해지고 물장구와 물에 뜨는 법을 배운 후, 킥판이라는 보조도구를 안전장치 삼아 아이는 조금씩 실전 수영을 시작할 수 있다. 하지만 그 후에도 킥판에서 손을 떼기까지 얼마나 오랜 시간과 큰 용기가 필요한가? 아이는 손을 뗐다가도 이내 놀라서 눈앞의 킥판을 다시 끌어안고는 한다. 이 과정이 몇 번이고 반복되어야만 스스로 물에 떠서 발차기로 나아가고 팔을 움직이며 속도를 더하는 진짜 수영을 할 준비가 되는 것이다. 이렇듯 차근차근 두려움을 없애고 물에 익숙해지며, 킥판 없이도 물에 뜰 수 있다는 확신을 얻는 모든 과정에서 아이는 자연스럽게 수영하는 방법을 체득하게 된다.

　수영과 마찬가지로 영어학습에도 순서가 있다. 접영을 하고 싶은 마음이 굴뚝 같아도 물에 대한 두려움을 없애지 않으면 물장구조차 칠 수 없는 것처럼, 순서에 맞지 않는 영어학습법은 영어 실력 향상은커녕, 영어에 대한 두려움만 줄 뿐이다. 물론 이와 같은 과정 없이 정말 말 그대로 "물먹어가며" 수영을 배우는 이들도 있고, 그렇게 수영을 배울 수도 있다. 하지만 우리는 '입시 영어'라는 괴물로 인해서 영어 자체에, 즉 물

자체에 이미 두려움을 갖고 있는 상태이다. 그렇기에 학창시절 이후 다시 영어와 손잡으려는 우리는 반드시 영어에 대한 두려움을 없애는 단계부터 차근차근 밟아 나가야 한다.

영어 공부를 결심한 사람들이 꼭 하는 말이 있다. 바로 "이번만큼은 독한 마음 먹고 하겠다."라는 말이다. 하지만 독하게 마음먹은 이들은 얼마 못 가 영어에 흥미를 잃고 늘지 않는 실력에 낙담하고 만다. 끈기 없는 자신을 미워하며, 영어 공부는 그 자리에 그대로 내려두고 일상생활로 줄행랑친다. 이때도 꼭 붙이는 말이 있다. "난 영어 체질이 아니야." 그 짧은 한마디에 담긴 여러 감정을 우리는 잘 알고 있다. 초반에 가졌던 넘치는 열정이 떠올라 머쓱하기도 하고 영어 공부를 시도할 때마다 왜 마음대로 되지 않는지 답답할 것이다. 지금은 이렇게 내려놓았지만 머지않아 다시 시작해야 한다는 걸 알기에 마음이 마냥 편하지만은 않다. 그런데 영어를 둘러싼 이러한 악순환이 빈번하게 일어나는 이유는 우리가 영어 체질이 아니어서도, 우리의 열정이 부족해서도, 영어가 어려워서도 아니다. 바로 우리가 잘못된 순서로 영어 공부를 했기 때문이다.

위에서도 언급했듯이 수영 강습에서는 단계를 훌쩍 건너뛴 강행군 강습을 절대 시키지 않는다. 수영은 목숨과 직결되어 있기 때문일 것이다. 하지만 수영이 우리의 신체적인 목숨과 연결되어있다면 영어는 우리의 정신적인 목숨과 직결되어있다. 나는 "영어 고민만 없으면 발 뻗고 자겠다."라는 말을 수없이 들어 보았다. 발 뻗고 잠들지 못하는 밤 멀

뚱히 누워, 우리는 얼마나 많은 스트레스를 받았겠는가? 그 스트레스가 우리의 정신적 목숨을 얼마나 공격했겠는가?

수영이 무서우면 수영장에 가지 않으면 그만이다. 수영을 못한다고 가고 싶은 유학의 길을 포기해야 하는 것도 아니고, 수영을 못한다고 승진에서 밀려날 위기를 겪지도 않으며, 수영을 못한다고 새파랗게 어린 후배에게 내 업무와 입지를 한순간 홀라당 넘겨주는 일도 발생하지 않는다. 하지만 영어는 다르다. 영어 때문에 우리는 위의 일 중 하나 또는 전부를, 아니면 여기 나열되어있지 않은 수많은 억울함까지 경험했거나, 하고 있거나, 할 것 같지 않은가? 이렇듯 영어는 일상생활에서 우리의 정신적 생명에 많은 영향을 주고 있다. 그렇기에 수영 강습보다 더 조심히 올바른 순서를 지켜야 할 것이 바로 영어 학습이다. 물에 뜨지 못하면 발차기를 할 수 없고 '음, 파!'를 제대로 하지 않으면 앞으로 나아갈 수 없는 것처럼, 영어도 제대로 된 순서를 따르지 않으면 다음 단계로 나아갈 수 없다.

그렇다면 제대로 된 영어 학습의 순서는 무엇일까? 무엇부터 시작해야 할까? 영어 공부를 문법으로 시작하지 말자는 주장은 많이 들어왔을 것이다. 그래서 최근 몇 년간 문법과 거리가 먼 곳부터 시작하는 영어 학습법들이 생겨나 각광받고 있다. 들리는 영어를 그림자처럼 바짝 쫓아가며 그대로 따라 한다고 해서 이름 붙은 '섀도잉(Shadowing)'이라든지, 무작정 원어민 영어 표현을 암기하는 방법 등이 있다. 물론 요즘 유행하는 많은 방법 모두 특정 시점에 추가되면 영어 실력에 기폭제 역할을 하는 것이 사실이다. 하지만 첫 단계가 되어서는 안 된다.

최근 한 TV 광고에 꼬마 여자아이가 영어로 노래를 부르며 나오기에 시선이 멈췄다. 아이는 23개월 때 영어 단어라고는 3단어밖에 몰랐지만, 이제는 5개 국어를 할 줄 안단다. 아이의 엄마는 스마트 TV를 통해 아이들을 위한 외국어 유튜브(youtube) 채널을 보여주었더니 아이가 영어를 공부가 아닌 놀이로 인식해서 빨리 늘더라는 말을 남기며 광고는 끝난다. 물론 TV의 스마트함을 알리는 광고였지만 나는 이 광고에서 우리가 디뎌야 할 첫 발걸음의 비밀을 보았다.

입시 영어에 질려 오랜 기간 겨울잠을 자고 나온 우리가 다시 영어 앞에 쭈뼛거리며 섰을 때, 우리의 마음은 두려움 반 기대 반이다. '또 지겹거나 어렵지 않을까'라는 두려움 반, '그래도 지금 다시 시작하는 영어는 조금 다르겠지'라는 기대 반이다. 그렇기에 우리가 가야 할 길은 무작정 외우거나 따라 하는 것처럼 너무 큰 노력이 필요하거나 힘들고 지루한 것이어서는 안 된다. TV 광고 속 여자아이처럼 영어를 놀이로 재미있게 느끼는 것이 가장 중요하다. 물론 단기간에 토익이나 토플, 오픽 등 영어시험에서 높은 성적을 획득하여 다른 목적을 이루고자 하는 이들에겐 영어를 놀이로 느끼는 과정이 필요하지 않다. 그들은 하루라도 빨리 각 시험에 맞는 묘책을 따라야 한다.

하지만 영어에 대한 두려움을 없애고 즐겁고 효과적으로 영어 실력을 올리고 싶은 우리는 영어를 재미있다고 느끼는 것이 반드시 첫 단계가 되어야 한다. 그와 동시에 원어민들이 많이 쓰는 영어에 노출되어

'원어민력'을 올리는 것이 답이다. 영어에 흥미와 재미를 갖고 시작하는 것과 아닌 것의 차이는 실로 엄청나다. 지금까지 우리가 영어 습득의 길을 오래 걸어가지 못하고 위기가 올 때마다 포기한 건 영어에 재미를 느끼지 못했기 때문이다. 사랑하는 이와의 연애를 생각해보라. 다시는 안 볼 것처럼 싸우기도 하고 미워도 하고 상대 때문에 힘든 날이 있어도 서로를 좋아하기에 잡은 손을 놓지 않고 오랫동안 함께 걸어갈 수 있지 않은가? 영어도 마찬가지다. 우리가 애정으로 대하는 영어는 지금까지와는 전혀 다른 세계를 우리 앞에 열어준다. 영어에 흥미를 느끼고 원어민력을 충만하게 올리다 보면 그 후의 일들은 어렵지 않게 흘러간다. 평범한 미대생이었던 내가, 순수 국내파였던 내가 소위 영어 공부의 끝판왕이라 불리는 영어 통역사를 꿈꾸고 이뤄낼 수 있었던 것도 성인이 되어 다시 만난 영어에 재미를 느꼈기 때문이다. 오로지 그 이유 하나로 나는 모든 것을 이루었다. 영어를 재미있게 느끼고 애정을 느끼기 시작했을 뿐인데 영어는 내 전공을 넘어 내 인생을 바꿔놓았다. 영어와 친해지고 힘겹지 않게 영어 실력을 올리고 싶은가? 그렇다면 지금까지 하던 모든 방법은 잠시 멈추고 가장 중요한 첫 단계, 영어에서 재미 느끼기부터 시작하자.

2

국내파일수록 쉬운 영어를 잡아야 한다

통역 공부를 시작하고 1년 즈음 흘렀을 때, 쉬운 말을 영어로 내뱉을 때면 유난히 끙끙거리는 나를 발견했다. 일상적이고 시시콜콜한 말일수록 더 어려웠다. 통역 스터디 자료에 나온 "졸린 눈을 비비고 일어나 눈은 반쯤 감긴 채로 화장실로 가던 중, 문틈에 엄지발가락이 끼었다."를 영어로 어떻게 바꾸면 좋을지 한 시간 넘게 고민한 적도 있었다. 그런 날들이 반복되면서 왜 나는 영어를 쉽게 말하지 못하는지, 일상적인 말일수록 왜 더 어려운 건지 고민하기 시작했다. 그리고 이 고민은 소위 '국내파'에 속한 이들이 공통으로 하는 고민이라는 사실과 그 이유를 찾아내었다.

하고 싶은 말이 한국어로는 머릿속에서 뱅뱅 도는데 입 밖으로 영어로 나오지 않을 때, 우리는 '하고 싶은 말이 영어로 뭔지 모르는 걸 보니 역시 내 영어 실력이 아직 부족하구나…'라고 생각한다. 하지만 실은 반대다. 우리가 영어에 대해 너무 많이 알기 때문에, 그 많고 무거운 정보에 짓눌려 영어로 쉽게 말하기가 어려운 것이다. 예를 들어보겠다. "그거 나한테 메일로 좀 보내줘요."라는 말을 들으면 우리 머릿속에 가장 먼저 떠오르는 단어는 "send"다. 그 순간 지나치게 똑똑한 우리의 영어 뇌가 자동으로 가동되기 시작한다. '그래, send 다음에 me를 붙이는 거야.' 그리고 이때부터 헷갈리기 시작한다. '아… send me email.인가?' 'send email to me.인가?' 'email 앞에는 an을 넣는 건가?' 이미 5초가 지나갔다. 일단 내뱉는다. "Send me an email." 그런데 우리의 영어 뇌는 쓸데없이 똑똑하기에 또 이 생각이 번뜩 든다. 그것에 대해 보내 달라고 해야 하는데… 무엇 무엇에 '대해'니까 about을 붙이자!

'Send me an email.'이란 문장 자체는 전혀 문제가 없다. 문제는 이 문장을 내뱉는데 여러 번의 Yes? No?를 거치고 Go냐 Stop이냐를 따지며 단어를 고르고 고민했다는 것이다. 고민하는 것까지도 괜찮다. 하지만 영어 한마디를 할 때마다 이런 식으로 고민하니 영어가 계속 어렵게만 느껴지고, 어렵게 느껴지니 내 영어 실력이 아직 부족하다고 끝없이 생각하는 게 문제다. 하지만 앞서 말했듯 영어가 쉽지 않은 이유는 영어 단어나 영어 지식이 부족해서가 아니다. 오히려 넘치기 때문이다.

'Send me an email.' 한 문장을 말하는데 여러 번의 버퍼링을 겪는 이유는 바로 우리가 send라는 동사, 'send 무엇 to 누구'를 이미 알고 있었기 때문이다. 매번 이런 식이다. 우리가 무언가 말하고 싶어도 차고 넘치는 정보들이 자꾸만 우리를 가로막고 속삭인다. '문법적으로 맞는지 체크해.' 'to를 넣을 거야? for를 넣을 거야?' 보이지 않는 정보의 속삭임이 우리를 짓누르고 있다. "그거에 대해 이메일 좀 보내줘."라고 할 때, 원어민들은 그냥 "Please email me."라고 한다. Send를 쓰지 않고, to에서 고민하지 않고, about도 덧붙이지 않는다. 우리 머릿속에서 들려오는 정보의 속삭임에 귀를 닫으면 영어가 쉬워진다. 쉽고 간단히 표현하면 말하는 우리도 수월할뿐더러 듣는 이도 훨씬 편하게 받아들인다.

우리가 영어를 어렵게 말할 수밖에 없는 두 번째 이유는 '국내파 영어의 잃어버린 10년' 때문이다. 우리는 초등학교에 다니기 시작하면서 친구를 사귄다. 등굣길에 친구를 만나면 어찌나 반가운지 어제 "잘 가." 하고 헤어진 순간부터 오늘 "안녕?" 하기 전까지 있었던 이야기를 하나도 빼놓지 않고 꺼내놓느라 정신이 없다. 사춘기 소녀들은 낙엽이 굴러가기만 해도 깔깔거리며 웃는다는 말처럼 나도 그 시기에는 친구를 만나면 시종일관 웃고 재잘거렸던 기억이 난다. 이렇게 초등학교, 중학교를 거쳐 고등학교를 졸업하기 전까지 우리는 매일 보는 친구들과 시시콜콜한 이야기를 하며 한국어를 하고 또 한국어를 듣는다. 바다 건너 미국 초등학생들도 마찬가지다. 같은 시기에 친구들과 재잘재잘 수다를 떨며 영어를 하고 또 영어를 들으며 자란다. 이 시기가 바로 국내파 영어의 잃어버린 10년이다. 그 10년 동안 우리는 미국 초등학생들이 나누는 시시콜콜한 꼬마 영어를 놓쳤다.

초등학생 때로 잠시 돌아가서 우리가 친구들과 했던 말들을 떠올려보자. "야! 이 선 왜 넘어!" "선생님, 애가 우유 집어 던져서 복도에서 터

졌어요!" "내 머리를 그렇게 세게 잡아당기면 어떻게 해!" "양호실에서 주사 맞았어? 아파?" "끝나고 우리 집에 병아리 보러 가자. 털이 보송보송해. 만져보게 해줄게." 이들 중 바로 영어로 말할 수 있는 문장이 몇 개나 되는가? 아마도 한 문장 당 적어도 한 번, 많게는 서너번 멈춰서 생각하다가 '에이 모르겠다. 중요한 말도 아니잖아.'라며 포기하는 문장이 있었을 것이다. 이렇듯 우리는 잃어버린 10년 동안 자연스럽게 습득되는 시시콜콜한 꼬마 영어를 건너뛰었다. 꼬맹이들이 떠는 수다 따위 뭣이 중허겠냐고 할 수도 있지만 만만하게 볼 수다가 아니다. 우리가 가장 어려워하는 쉬운 영어가 그 안에 다 숨어있기 때문이다.

꼬마 영어만 있어도 우리는 대부분의 감정과 생각을 표현할 수 있다. 거기에 필요할 때마다 어른들이 쓰는 어려운 단어 조금, 내가 일하는 분야의 전문 용어 조금을 더해가며 사용하면 된다. 그런데 우리는 꼬마 영어가 거의 전무한 상태에서 어른 영어만 알고 있고 거기다가 매번 정보의 속삭임이 우리를 가로막기까지 하니 영어 말하기가 힘겨운 것이다.

우리는 여기서 잠시 멈춰야 한다. 우리의 영어는 애초에 종이로 만들어졌다. 우리가 난생처음 배운 영어는 시험을 위해 종이로 배운 '종이 영어'다. 처음에는 손바닥만 했던 종이 영어가 점점 몸집이 커져 우리를 압도하는 큰 종이 지붕이 되어버렸다. 진짜 영어의 즐거움, 진짜 영어의 가볍고 신나는 빛은 보지도 느끼지도 못한 채 종이 지붕 밑에 갇혀 버린 우리는 어두운 종이 영어의 그늘 밑에서 "영어는 어려워. 영어는 재미없어."라는 말만 되풀이하고 지냈다. 고등학교를 졸업하며 종이 지붕에서 벗어나는가 싶지만, 되려 우리는 그 지붕 아래 벽돌처럼 무겁고 어려운 영어를 쌓아간다. 종이 지붕 아래 어쩔 수 없이 꾸역꾸역 무거운 벽돌을 올리는 우리. 열심히 벽돌을 계속 쌓는데도 왜 조그마한 흔들림에 지붕 전체가 무너질 듯 흔들리는지, 왜 지붕 밑이 더 어두워지고 답답해지는지 알 수 없다.

우리는 이 모든 행위를 멈춰야 한다. 우리는 먼저 종이 지붕 밑에 단단한 뼈대를 만들어주어야 한다. 그 뼈대가 바로 잃어버린 10년 동안 국내파가 놓친 쉬운 영어, 꼬마 영어다. 그리고 적어도 꼬마 영어의 뼈대가 완성될 때까지는 힘겨운 벽돌 쌓기를 멈추어야 한다. 그리고 이제 우리는 종이 지붕 밑에서 나와야 한다. 종이 지붕 밑이 영어의 전부가 아니다. 밖으로 나와서 영어의 따스한 햇볕도 느끼고 시원한 바람도 느끼면서 즐겁게 영어와 함께 살아가야 한다. 영어의 따스함을 즐기며 꼬마 영어로 뼈대를 만들어 나가자. 뼈대가 어느 정도 만들어지면 단단하게 잘 지어진 지붕 밑에서 우리는 비도 피하고 눈도 피할 수 있고, 필요하면 들어가 쉴 수도 있다.

다시 한번 강조하지만, 국내파가 영어를, 특히 시시콜콜한 영어를 어렵게 느끼는 이유는 우리가 알고 있는 단어나 문법이 부족해서가 아니다. 꼬마 영어란 뼈대 없이 종이 지붕 위에 쌓인 지나친 정보들이 우리가 영어로 말하려 할 때마다 간섭하며 막아섰기 때문이다. 그러니 우선 쉬운 영어, 꼬마 영어를 쌓아가자. 그리 어렵지 않다. 나는 쉬운 영어를 하지 못하는 이유를 찾아낸 후, '쉬운 영어 실력 올리기'에 좋다는 방법은 다 시도해보았다. 그중에는 되려 또 다른 벽돌 쌓기에 해당하는 공부법도 있었고 실패 없이 단단하게 뼈대를 만들 수 있는 방법도 있었다. 나는 이 책을 통해 피해야 할 벽돌 쌓기 공부법과 취해야 할 뼈대 만들기 공부법에 관해 이야기하려 한다. 아직도 힘들게 벽돌을 쌓는 사람은 많은 반면, 쉽고 재미있게 뼈대 만드는 방법을 아는 이들은 거의 없기 때문이다.

3

영어 통역사가 미드가 아닌 일본 영화를 보는 이유

통역 공부를 시작한 지 2년 차에 들어서며 쉬운 영어를 채우기 위해 여러 방법을 찾아 시도하기 시작했다. 그중 하나가 미국 드라마(미드) 보기였다. 내가 처음으로 택한 미드는 패션 에디터가 꿈인 한 소녀가 미국의 유명 패션 잡지사의 인턴으로 들어가서 겪는 일들을 다룬 〈어글리 베티(Ugly Betty)〉였다. 주인공 베티는 상대방에게 오해를 사서 억울하거나, 의도치 않은 실수로 상사가 화를 내려고 하면 늘 이렇게 말했다. "I can explain!" 베티가 이 문장을 다양한 상황에서 사용하는 장면을 여러 번 보고 나니 "잠깐만! 내 말 좀 들어봐."를 말하고 싶은 상황에서 "I can explain."이라고 한다는 걸 자연스레 알게 되었고, 8년이 지난 지금도 잊지 않고 있다.

그렇다. 이렇게 원어민들이 생활 속에서 쓰는 표현을 재미있는 이야기 속에서 보고 듣는 것이 미드로 하는 영어 공부의 가장 큰 장점이라고들 한다. 나도 그 장점에 대해서 강한 공감을 하는 바이다. 베티가 없었다면 나는 "잠깐! 내 얘기 좀 들어봐요!"의 상황에서 "I can explain!"이란 말을 생각하지 못했을 것이다. 책으로 배운 내 영어 세상에서 "I can explain!"이라는 문장은 그저 "제가 설명할 수 있어요."일 뿐이었으니 말이다. 이외에도 미드로 영어 공부하기에는 여러 장점이 있다. 재미있는 드라마를 보고 듣고 즐기는 동안 영어에 노출되고, 원어민 영어 표현도 알게 되며, 미국 문화도 이해하는 등 일석이조를 넘어선 일석다조의 학습법이다. 하지만 이런 큰 매력에도 나는 그로부터 얼마 후, 미드로 하는 영어 공부를 중단했다. 왜일까?

우선 정신적 스트레스가 생각보다 심했다. 나는 미국을 좋아하고 영어를 좋아했지만, 미드를 좋아하는 사람은 아니었다. 내가 영어에 한창 빠지기 시작할 때는 스마트폰이 없을 때라 지금처럼 미드를 손쉽게 접할 수 없었다. 집 앞에 있는 비디오 대여점에서 영화를 빌려 보는 게 전부였다. 그래서 나는 미드보다 영화에 더 익숙하다. 내가 미드에 푹 빠져 살다가 영어를 좋아하게 된 경우라면 정신적 스트레스에 관한 얘기가 달랐을 것이다. 하지만 역으로 나는 영어 실력의 부족한 부분을 채우기 위해 미드로 공부하는 방법을 택했다. 그렇기에 나는 미드를 영어 공부에 쓰이는 하나의 도구로 인식해버렸다.

미드는 나에게 즐길 거리나 재미있는 취미라기보다 '너는 아직 이만큼이나 몰라. 네가 공부해야 할 영어가 이만큼이나 많다는 뜻이지. 어떻게 할 거야?'라고 끝없이 확인 사살하는 영어 실력 측정기 같았다. 그래서 미드를 틀면 재미 이전에 시험장에 온 것 같은 느낌이 먼저 전해졌다. 더 알아듣고 싶다는 욕심, 더 알아들어야 한다는 압박감, 알아듣지 못하는 매 순간 느껴지는 자괴감이 미드를 대하는 나의 주된 감정이 되어갔다.

둘째, 미드를 고르는 데에 많은 시간을 뺏겼다. 나는 대중적인 것을 최대한 피하려는 성향이 있다. 어릴 때부터 남들이 재미있다고 하면 할수록 그 영화는 더 보지 않았고, 전 세계를 떠들썩하게 하는 영화는 아예 쳐다보지도 않았다. 그러다 10년 정도 흘러 아무도 그 영화를 기억하지 못할 때쯤, 혼자 몰래 보곤 했다. 그리고 그런 대중적이지 않은 나만의 취향을 큰 재산이라 생각했다.

이 성향이 나와 미드 사이의 불협화음을 만드는 데 일조했다. 처음 미드에 입문할 때엔 정보가 없으니 〈프렌즈(Friends)〉, 〈CSI〉, 〈위기의 주부들〉 등 많이 들어 본 미드를 주로 보았다. 그런데 보면 볼수록 왠지 자존심이 상했다. 어차피 옆집 영희도 뒷집 철수도 다 봐서 특별할 것 없는 이 철 지난 드라마를 내가 꼭 봐야 하는가란 생각과 위에서 설명한 대중적인 것에 대한 묘한 반항심이 합쳐지기 시작했다. 그래서 어느날, '내 취향대로 고를 거야!'란 생각으로 미드를 직접 고르기 시작했다. 들어본 적도 없는 미드를 골라 몇 편을 보고, 마음에 들지 않으면 다시 다른 드라마를 찾고, 또 다른 드라마를 검색하고… 그런 과정이 반복되다 보니 정작 자리 잡고 앉아 미드를 보는 시간보다 내 마음에 맞는 미드를 찾는 데 시간이 더 소비되었다.

셋째, 끝이 보이지 않는 에피소드와 시즌이 압박으로 다가왔다. 미국드라마는 보통 한 시즌에 10개 이상의 에피소드가 있으며 인기 있는 미드의 경우에는 새로운 시즌이 계속 제작된다. 한국에서 가장 인기 있고 유명한 〈프렌즈〉는 총 10개의 시즌이 방영되었다. 내가 드라마보다 영화를 선호하는 이유 중 하나는 두세시간 내에 결론까지 모두 끝난다는 것이다. 기본으로 몇십 개의 에피소드로 이뤄진 미드를 학습 교재로 바라보니, 그 많은 양이 공부해야 할 교재의 두께처럼 느껴졌다.

마지막으로 사공이 많아 배가 산으로 갔다. 미드로 영어 공부하기는 우리나라의 대표 영어 공부법 중 하나다. 그만큼 방법도 여러 가지다. 어떤 이는 무조건 자막 없이 에피소드 한 편을 끝까지 보라 하고, 또 다른 이는 영어자막을 끄고 5분씩 끊어서 보라 말한다. 즉, 정답을 찾기가 어려웠다. 직접 해답을 찾기 위해 다양한 방법을 시도하기엔 이미 내가 너무 지쳐있었다.

이 네 가지의 이유들로 나는 미드로 영어 공부하기를 지속할 수 없었다. 미드로 하는 영어 학습법이 나에게 맞지 않았다. 나는 미드를 영어 공부의 도구라고 인식했고, 대중성에 대한 반항심 때문에 마음에 드는 미드 하나 고르느라 며칠씩 걸렸다. 게다가 눈에 바로 보이는 진척도와 성취감을 통해 동기부여를 받아야 하는 나에게 끝이 보이지 않는 에피소드는 압박감으로 다가왔다.

나는 "내가 이런 이유 때문에 미드로 영어를 공부하지 않았으니, 여러분도 그러십시오."란 말을 하려는 게 아니다. 역으로 보면, 영어 공부 이전에 이미 미드를 좋아하고 유행을 잘 따르는 사람, 그리고 잦은 성취감 없이도 과정 자체를 즐기는 느긋한 성향의 사람에겐 미드만큼 좋은 영어 공부법도 없을 것이다. 즉 아무리 좋다는 영어 공부법도 자신에게 맞지 않으면 지속력이 떨어질 수밖에 없으니, 영어 공부법을 고를 때는 반드시 자신의 성향과 취향을 고려하라는 이야기를 하고 싶다. 남들이 좋다는 방법이 내게도 효과적이라는 보장은 없다. 스스로에게 맞는 학습법을 고르기 위해서는 삼향, 즉 방향, 취향, 성향 삼박자가 맞아야 한다. 영어를 공부하는 데 내가 가장 답답함을 느끼는 부분이 어디인지, 왜 그 부분이 부족한지, 이를 채우려면 무엇이 필요한지를 반드시 알고 방향을 정해야 한다. 그런 뒤 그 방향에 맞는 다양한 공부법들을 알아보라. 그중 자신의 성향과 취향에 맞는 방법을 스스로 택하고 직접 시도해보아야 한다. 방향을 찾고, 여러 방법 중 내 취향과 성향에 맞는 방법을 찾자. 아무리 조건 좋은 배우자감도 내 성향과 맞지 않고 내 취향이 아니면 긴 인연이 될 수 없다. 마찬가지로 남들이 아무리 좋다는 학습법도 내 성향과 취향에 맞아야 오래 지속하고 그 효과도 높다.

4

암기력이 아닌 서칭 감각을 길러라

"제발 내 마놀로 블라닉(Manolo Blahnik) 구두만은 건드리지 말아요!!"

미국 영화〈섹스 앤드 더 시티(Sex & the City)〉의 주인공 캐리가 노상강도에게 위협받는 장면에서 한 대사다. 구두를 어찌나 사랑하는지 남자친구 빅도 그녀에게 마놀로 블라닉 구두를 신겨주며 프러포즈했다. 이 영화의 인기와 더불어 한국의 많은 여성에게 마놀로 블라닉 구두는 로망이 되었다. 하지만 마놀로 블라닉 구두 때문에 구설에 오른 여성도 있다. 바로 미국 영부인 멜라니아 트럼프다. 아찔한 높이의 검은색 마놀로 블라닉 힐을 신고 자연재해 현장에 방문하자 부적절한 선택이었다는 비판이 쏟아진 것이다. 그 구두가 전 세계 여성이 사랑해 마지않는 마놀로 블라닉이라는 이유로 질타가 멈추지는 않았다. 영어 공부도 마찬가지다. 아무리 많은 이들이 찬양하는 방법이라 할지라도 자신의 상황을 고려하지 않고 무분별하게 택하면 효과 없이 노력만 잡아먹었다는 질타를 받는다.

미국 대통령이 뛰어난 연설가일 때, 환호성을 지르는 의외의 집단이 있다. 바로 통역사 준비생들이다. 현 미국 대통령과 한국 대통령의 연설문은 그들에게 교과서와 같은 통역 연습 자료이기 때문이다. 내가 통역 공부를 시작한 2010년부터 통번역대학원을 졸업한 2014년까지 나를 비롯한 통역사 준비생들은 행복한 비명을 질렀다. 미국 최고의 웅변가, 연설의 달인으로 유명한 버락 오바마가 미국 대통령이었기 때문이다.

그의 수려한 연설 능력뿐 아니라 인간적인 면모에 푹 빠져 팬이 되어버린 나는 오바마 대통령의 연설문을 외우기로 결심했다. 암기에 사용할 자료는 많았다. 그중에서도 백악관 홈페이지에 매주 올라오는 Weekly Address는 믿고 보는 단골 메뉴였다. 매주 오바마 대통령의 연설 동영상과 스크립트가 함께 제공되었다. 당시 전 세계에는 '오바마 붐'이 일어났고 통대 입시학원에서도 오바마 연설문 암기 스터디가 유행처럼 번지고 있었다. 나도 그 스터디에 참가했다. 스터디에서는 오바마 대통령의 연설문을 일주일에 3장씩 외우고 주 1회 모여 확인했다. 선배 스터디원들은 처음엔 시간이 오래 걸려도 조금만 지나면 암기에 속도가 붙고 외운 표현이 어느 날 갑자기 입에서 나오기도 한다며 나에게 희망을 듬뿍 주었다. 처음에는 의지가 대단했다. 그때는 무엇이든 참 열심이었다. 열심히 하는 건 내 의지만 있으면 가능했기에 그것 하나만큼은 꼭 지키고 싶었다.

돌아보면 암기는 그런 내 심리를 아주 잘 채워주는 행위였다. 무언가 '열심히' 하고 있다는 안도감을 주었달까? 하지만 문제는 암기의 효능이 안도감을 제공하는 데 그쳤다는 것이다. 시간이 지날수록 의지는 점점 약해졌다. 스터디원들도 하나둘씩 결석하기 시작했다. 암기해서 내 문장으로 만들겠다던 처음의 목적은 점점 희미해졌다. 외우지도 않고 참석에만 의미를 두는 날이 많아졌고 스터디 장소로 가는 길에 부랴부랴 벼락치기식으로 암기하기 시작했다. 그렇게 벼락치기로 외운 내용은 스터디 장소에서 나오는 순간 모두 증발해버렸다. 그런 날들이 반복되던 어느 날, 이렇게 해서는 나에게 아무 도움이 되지 않을 것 같다는 생각이 들었다. 결국, 나는 그 스터디 모임을 그만두기로 결심했다.

하지만 암기의 유혹은 거기서 그치지 않았다. 스터디에서 나온 뒤 소위 '빡세게' 암기시키는 수업이 있다는 소문을 들은 것이다. '그래, 누군가 더 강압적으로 시켜주면 효과가 있을지도 몰라.'라는 생각이 들었다. 암기 수업을 이끄는 강사의 지론은 간단했다. "쌓여야 나온다. 쌓이기 위해서는 무조건 암기하라." 수업 시간에 배운 영어 표현을 다 외우는 것이 철칙이었다. 매달 첫 시간, 강사는 학생들에게 암기 확인을 받을 것인지 여부를 묻는다. 수업이 시작되면 전날 수업한 부분을 틀어서 함께 보다가 강사가 일시 정지를 누른다. 그리고 이어 나올 부분의 한국어 해석을 말한 뒤 암기 확인을 받겠다고 한 학생 중 한 명을 임의로 호명한다. 그러면 그 학생은 곧바로 영어로 이야기해야 한다.

나는 매번 암기 확인을 받겠다고 했는데 스트레스가 이만저만이 아니었다. 어중간하게 외우는 건 외우지 않는 것과 다름없었다. 내 나름대로 자신 있게 외웠다고 해도 호명되는 순간 머리가 하얘지고 온몸에 땀이 흠뻑 나며 아무 말도 할 수 없었다. 그 순간의 망신스러움이 너무 싫어 나름대로 열심히 외우는 날에는 암기만 하다가 하루의 반이 다 지나가기도 했다. 나중에는 내 이름이 호명되는 그 순간만 모면하기 위해 슬쩍 눈을 내려 커닝을 하기도 했다.

나는 달달 외운 말들이 내 안에 쌓이면 언젠가는 내 입에서 나올 것이란 논리 자체에는 의문이 없다. 그런데 그 '달달'의 기준이 나에겐 너무 높았다. 암기의 중요성을 외치는 이들은 내가 외운 영어가 툭 치면 바로 좋아하는 노래 가사를 흥얼거리듯 흘러나와야 제대로 외운 것이라고들 한다. 그런데 도대체 얼마큼의 시간을 투자해서 암기해야 무의식중에 그 표현이 나올 수 있을까? 한 문장을 온종일 외워서 다음날 완벽하게 확인을 마쳤다고 해도 그 문장은 내가 억지로 외운 문장이다. 때문에 그 문장을 머릿속에 붙잡아두려면 사후관리가 필요하다. 그래서 주기적으로 다시 외워야 한다.

나아가 예상치 못한 순간에 그 표현을 쓸 만한 상황이 생겨 외운 것을 내가 직접 써봐야 한다. 하지만 그 표현을 써먹을 수 있는 상황은 생각보다 잘 생기지 않는다. 앞서 말한 수업을 들었던 게 7~8년 전인데, 지금까지 기억에 남는 표현은 애석하게도 단 하나다. "Gunshot wound to the head." 툭 치면 '아!' 하고 나올 만큼 무의식에 각인되어 있지만, 8년 동안 내 무의식에 품고만 있다. '머리에 입은 총상'이란 영어를 내가 어디서 써먹을 수 있었겠는가? 미드로 공부하기에 이어 두 번째 위기에 봉착했다. 암기도 답이 아니었던 것이다.

나는 암기가 효과적이지 않은 이유를 곱씹어보았다. 우선 첫째, 지나치게 많은 시간과 노력이 들어간다. 물론 탄력이 붙고 암기한 문장이 쌓이면 점점 시간과 노력이 줄어들긴 할 것이다. 하지만 그 수준이 된다고 해도, 둘째, 외운 표현을 그대로 활용할 수 있는 상황은 잘 생기지 않는다. 더구나 셋째, 쓰지 않으면 곧 사라진다.

읽거나 들었을 때 이해할 수 있는 문장과 지금 내 입에서 나올 수 있는 문장의 차이는 클 수밖에 없다. 또 어떤 표현이나 문장을 들을지를 내가 선택할 수 없더라도 어떤 표현이나 문장을 말할 것인지는 내가 선택하여 조절할 수 있다. 이것을 깨달은 후부터 나는 읽고 듣는 자료를 내가 말하거나 쓰는 자료로 활용하지 않았다. 그 두 가지는 철저히 다른 출발선이기 때문이다. 듣기는 실제 내 수준보다 더 어려운 자료를 사용했다. 하지만 그 자료에서 나온 새로운 표현을 외운다거나 그 표현을 내 것으로 만들어 사용하겠다는 생각은 접었다. 한국어도 그렇지 않은가? 우리의 의지와 관계없이 우리는 다양한 수준의 한국어를 들으며 지낸다. 지나가는 어린이들의 대화, 예능에 나오는 유머, 친구의 하소연, 9시 뉴스, 대통령 연설, 정치 이슈 좌담회 등 말이다. 하지만 우리가 하는 말은 그 정도로 광범위하지 않다. 듣는 문장의 수준이 최상급이라면 말하는 문장의 수준은 중하위 정도다. 그렇다고 쉬운 수준의 모든 표현을 다 외울 수는 없었다. 그리고 더는 외우고 싶지도 않았다. 무조건 열심히만

하는 것이 답은 아니었다. 내 의지로 할 수 있는 유일한 건 열심히 하는 것이었지만, 나의 노력이 헛되지 않게 '효율적'으로 하는 방법을 찾는 것이 나의 노력에 대한 예의, 그리고 내 노력과 에너지에 동기를 부여하는 유일한 길이라는 것을 깨달았다.

암기를 하려면 독하게 하라. 어설프게 하려면 하지 않는 편이 낫다. 그리고 독하고 힘들게 공들여 암기한 표현도 완벽히 내 것이 되려면 그 말을 써먹을 수 있는 상황이 반드시 수반되어야 한다. 독하고 힘들게 장기간에 걸쳐 여러 번 외운 문장, 그 문장이 내 입으로 내뱉어 볼 기회도 없이 기억 속으로 사라져도 괜찮다면 암기에 도전해보라. 의지력 테스트와 성취감만 생각한다면 추천할 만하다. 하지만 나는 3년 안에 통번역대학원에 합격한다는 목표를 갖고 있었고, 암기의 딜레마를 깨달은 건 목표까지 1년 남짓 남은 상황이었다. 노력이 주는 안도감은 사치였다. 효율성이 필요했다. 그래서 암기를 과감히 포기했다.

마놀로 블라닉 구두를 신었다가 질타를 받은 영부인은 다음 재해 현장에는 단화를 신고 나타났다. 우리도 혹시 남들이 칭송하는, 하지만 지금, 이 순간에는 맞지 않는 마놀로 블라닉 구두를 신고 있는 건 아닐까? 영어에 이제 막 다시 입문한 지금, 많고 많은 탐나는 영어 문장들을 외워서라도 자기 것으로 만들고 싶은 욕심이 들지도 모른다. 하지만 나에게 버거운 구두는 잠시 벗어두자. 지금은 나의 발에 맞는 단화를 신고 내가 하고 싶은 말을 나의 발로 찾아 나서야 할 때다. 너무 높아 버겁고 힘든 마놀로 블라닉에서 내려와 단화를 신는 순간, 나에게도 기적처럼 새로운 길이 열렸다. 바로 암기력이 아닌 서칭(searching)력을 활용한 영어 공부였다.

5

I swear, 단 한 단어도 외우지 않았다

무엇이든 진심은 내 안에서 우러나오게 마련이다. 내 진짜 마음도, 진짜 생각도 내 안에서 출발하여 밖으로 나온다. 영어 말하기도 마찬가지다. 내 생각, 느낌, 주장을 다른 이에게 전달하고 싶을 때, 내가 알고 있는 단어와 표현을 순간순간 조합하여 입 밖으로 꺼내는 것이 말하기다. 즉, 말하기는 내 안에서 밖으로 쏘는 화살이다. 하지만 너무나 많은 이들이 내가 쏘는 화살이 어떤지 살펴보기보다 남이 쏜 화살을 모으는 것에 여념이 없다. 내가 하고 싶은 말을 영어로 꺼내기 위해 다른 사람들이 꺼내 놓은 영어를 외우는 것이다.

나 역시 마찬가지였다. 내 안에서 나와야 할 영어에 대한 해답을 외부에서 찾았다. 하지만 남이 말한 백 개의 좋은 문장을 외우는 것보다 내가 방금 말한 한 개의 문장을 정확히 파악하고 넘어가는 것이 중요하다는 것을 통대 입시 3년 차에 깨닫고 전략을 바꾸기로 했다.

나의 새로운 전략은 "내가 쓴 영어 바로 세우기"였다. 스터디 파트너가 한국어 텍스트를 읽어주면 내가 영어로 통역하는 부분을 모두 녹음했다. 스터디가 끝나면 바로 자습실로 돌아와 녹음을 튼다. '내 영어는 어땠을까?'라는 생각에 떨린다. 드디어 흘러나오는 나의 영어. 뭐라 말해야 할지 몰라 고뇌하는 침묵이 이어질 때면 듣는 내 몸이 답답해서 비틀린다. 의외로 마음에 드는 문장이 들려오면 자신감도 생긴다. 처음에는 그렇게 내 영어가 어땠는지 듣는 것만으로도 신선했다. 그런데 거기서 그치는 것은 내 영어의 현주소를 파악하는 것일 뿐 발전을 가져다주지는 않았다. '한 걸음 더' 나아가야겠다는 생각이 들었다.

때마침, 수업 시간에 한 강사분이 "본인이 뱉은 영어를 미국인들이 실제로 쓰는지 확인해보고 싶으시죠? 큰따옴표 안에 확인하고 싶은 표현을 넣고 구글에서 검색해보세요!"라고 했다. 그리고 이 한 마디가 내 영어 여정의 모든 것을 바꾸었다. 그날 나는 수업이 끝나자마자 자습실로 달려가 새하얀 종이 한 장을 꺼내고 녹음을 다시 틀었다. 이번에는 내가 뱉은 영어를 듣다가 조금이라도 갸우뚱한 부분이 나오면 일시 정지 버튼을 눌렀다. 그리고 그 문장을 종이에 적었다. 갸우뚱한 문장들이 수두룩하게 나왔다. 그 문장들을 가만히 바라보고 있자니 '아직도 갈 길이 멀었구나'란 생각과 함께 '언젠간 이 종이가 새하얀 백지로 남아있는 날이 오겠지?'란 설렘이 함께 들었다. 그리고 알 수 없는 전율을 느꼈다. 오랜 기간 고민하던 문제에 대한 해결의 실마리를 드디어 찾은 듯했기 때문이다. 그리고 다짐했다. '이 문장들부터 잡자.' "내가 쓴 영어 바로 세우기"를 실천하는 순간이었다. 의심 가는 문장을 다 적은 후에 녹음기는 옆으로 미뤄두었다. 노트북을 켜고 구글(www.google.com)을 열었다. 눈앞에는 구글 검색창과 책상 위의 종이 한 장뿐이었다. 종이에 적힌 문장들을 보니 패턴이 보였다. 내가 틀린 영어 문장들은 크게 세 가지로 분류되었다.

1. 문법적으로 틀린 문장
2. 콩글리시가 의심되는 문장, 즉 원어민력이 낮은 표현
3. 영어로 어떻게 해야 할지 몰라 억지로 지어낸 표현

첫 번째 문법 오류 부분이 가장 해결하기 쉬웠다. to를 빠트렸다든지 단수 주어에 복수 동사를 썼다든지 하는 문법적 실수였기에 틀린 문제 고치듯 고치기만 하면 해결되었다. 그런데 문제는 나머지 두 부분이었다. 여기서 구글을 활용해보았다. 콩글리시로 의심되는 표현을 큰따옴표에 넣어 구글에서 검색했다. 구글은 따옴표 안에 넣은 표현이 들어간 글을 모두 검색해서 보여주었다. 그런데 어떤 표현은 검색 결과가 없고 어떤 표현은 결과가 10페이지가 넘어갔다. 가만 보니 제일 위에 '검색 결과 수'라는 것이 있었다. 그리고 그것이 바로 전 세계에서 그 표현이 쓰인 횟수라는 것을 알았다. 그 순간 나는 구글의 무한한 가능성과 힘을 본능적으로 느꼈다. 강남역 한복판에 앉아서 내가 쓴 표현을 큰따옴표로 묶어 검색 버튼 하나 눌렀을 뿐인데, 이 표현이 전 세계에서 몇 번이

나 쓰였는지 볼 수 있다니. 정말 대단했다.

　그렇게 검색 결과 수를 기반으로 내가 쓴 표현이 콩글리시인지, 원어민들이 일반적으로 많이 쓰는 원어민력 높은 표현인지 구분할 수 있게 되었다. 내가 말한 문장들 중 문제없는 문장을 빼고 문법 오류가 있던 문장을 고쳤다. 그리고 콩글리시인 줄 알았으나 원어민들도 쓰고 있는 것으로 검색된 문장을 빼고 나니, 아래와 같이 콩글리시로 판명된 문장들과 영어로 도저히 어떻게 말해야 할지 모르는 문장들이 남았다.

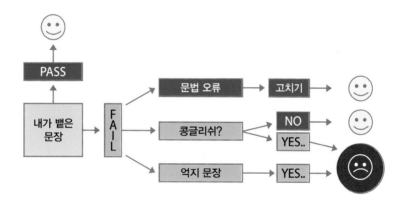

　이 방법을 사용하기 위해서는 단어, 즉 키워드 선택이 중요하다. 한동안은 우여곡절도 많았고, 특히나 바른 문장을 찾기 위한 키워드를 고르는 것이 생각보다 어려웠다. 하지만 계속하다 보니 노하우가 생겼다. 노하우가 쌓일수록 효율성과 결과의 정확도도 함께 높아졌다.

　　암기력이 아닌 서칭(searching)력으로 올리는 영어 실력, 내 안에서 나온 영어 문장을 기반으로 걸러내고 수정하고 서칭해가며 만들어가는 나를 위한 문장. 이 모든 것이 구글을 만난 후 가능해졌다. 지난 10년 동안 쌓아온 노하우를 바탕으로 제2장에서는 구글 검색을 어떻게 영어 공부에 활용할 수 있는지에 대해 이야기해 보려 한다. 제3장에서는 구글 검색으로 내가 하고 싶은 말을 원어민력 높은 영어로 찾는 방법을 자세히 소개할 예정이다. 그 전에, 구글이 내 영어에 가져다준 변화들을 지금 바로 공개한다.

6

외우지도 않은 말이 입에서 나오는 쾌감을 경험하라

"결혼하니 뭐가 제일 좋아?"

얼마 전 결혼한 친구 얼굴이 빛이 나듯 밝아졌기에 물었다. "매일매일 남편 얼굴을 봐서!"처럼 유치한 듯 꿀 떨어지는 대답을 기대한 나는 전혀 예상치 못한 말을 들었다. "내 일에 더 많이 집중할 수 있어서 좋아. 결혼하고 보니 결혼 전에 새로운 누군가를 찾고 만나고 알아가고 실망하고 헤어지고 또 찾아 나서는 과정에 너무 많은 에너지를 썼구나 싶더라고. 그런데 이젠 평생 함께할 내 짝을 찾았으니 더는 찾아 헤매지 않아도 되잖아. 그 에너지를 아껴서 내 일에 쏟아붓고 있어. 얼마 전에는 내가 노래 부르던 외국계 회사에 이력서도 넣었어!"

친구의 대답을 들으며 나는 연신 끄덕일 수밖에 없었다. 나에게 맞는 짝을 찾았기에 끝난 방황, 그리고 자신에게 집중되는 에너지의 효과는 엄청났다. 한 달 뒤, 그녀는 원하던 외국계 회사로의 이직에 성공했고 그 후로도 그녀는 날개 단 듯 훨훨 날아다니며 전성기를 누리고 있다.

에너지와 안정감 그리고 성공을 가져다준 결혼이 그녀 인생의 터닝 포인트였다면 내 영어 인생의 터닝포인트는 구글 영어 공부법을 만난 순간이었다. 구글 영어 공부법은 나에게 실력, 효율성, 안정감을 주었다. 구글 영어 공부법을 알기 전, 나는 늘 동분서주했고 바쁜 만큼 불안했다. 늘 바깥소식에 촉을 곤두세우고 쓸데없는 것에 신경 쓰느라 에너지를 낭비했다. 실질적으로 궁둥이를 붙이고 앉아 공부하는 시간보다 '어떻게 해야 할까?'를 고민하는 시간이 더 많았다. 늘 여기저기 기웃거리며 여기저기 들려오는 소리에 마음이 흔들렸다. 한 마디로 줏대가 없었다. 그도 그럴 것이 이렇다 할 효과를 가져다준 방법, 의심 없이 믿고 기대어 비빌 언덕이 없었기 때문이다.

내가 통대 입시생이었기에 겪은 특수한 상황은 아니라고 생각한다. 한국에서 영어를 공부하려는 이들 대부분이 겪는 스트레스 아닐까? 우리는 공부를 하는 행위 자체보다 공부법에 대한 고민으로 더 스트레스를 받는다. 좋다는 공부법이 너무 많기 때문이다. 하지만 구글 영어 공부법을 만난 나는 긴 방황을 끝냈고 "어떻게?"의 늪에서 드디어 벗어났다.

내가 한 일이라고는 흰 종이 위에 적은 나의 영어 문장들을 쓸 수 있는 문장과 쓰지 못할 문장으로 걸러내고 다듬은 것뿐이다. 수업 시간과 스터디에서 연습한 통역을 모두 녹음했고 구글로 복습했다. 콩글리시를 가려내고, 대체할 만한 원어민 영어표현을 찾고 익혔다. 외우지는 않았다. 단지 내가 한 영어와 구글로 찾은 원어민 영어가 어떻게 다른지 차이를 느꼈다. 더는 외우지도, 미드를 보지도 않았고 아무리 좋은 공부법이 있다 해도 흔들리지 않았다. 구글 영어 공부법만 밀고 나갔다.

처음에는 종이 앞면을 넘어 뒷면까지 문장들이 빼곡했다. 구글로 복습하는 데에 2시간도 넘게 걸렸다. 하지만 시간이 지날수록 종이 위에 올려지는 문장 수는 줄어들었고, 복습 시간도 자연히 짧아졌다. 그런데 구글 영어 공부법으로 매일 복습한 지 얼마 지나지 않아, 영어 발화 속도가 오히려 느려지는 경험을 했다. 영어로 말하려 하다가도 콩글리시인 것 같다는 느낌에 계속 멈칫했기 때문이다. 답답했다. 하지만 '나에게 원어민력 높은 영어와 낮은 영어에 대한 감이 생기고 있구나.'라고 여기며 묵묵히 같은 방법으로 공부했다. 그 시기를 넘어서자 신기한 현상이 일어났다. 이전에는 한 번도 쓴 적이 없는, 그렇다고 외운 적도 없는 영어가 내 입에서 나오는 것이었다.

그때부터 '내 영어에 변화가 생겼다.'고 느끼기 시작했다. 근거가 될만한 두 가지 순간이 있었다. 첫째, 우리가 당연히 명사라고만 생각한 영어 단어를 동사로 사용하는 나를 발견했다. 실제로 명사를 동사처럼 쓰는 건 원어민들이 많이 택하는 방법이지만 한국식 영어에서는 쉽게 찾아볼 수 없다. 이 변화를 느낀 순간이 아직도 생각난다. 내가 통역해야 할 한국어 문장은 "시차(jet-lag) 때문에 너무 힘들다."였다. 예전 같으면 jet-lag이란 단어를 어떻게 사용해야 좋을지 생각했을 것이다. 그런데 내가 뱉은 영어 문장은 "I'm so jetlagged right now."이었다. jetlag라는 명사를 동사로 사용하는 나를 보며 스스로도 흠칫 놀랐다.

둘째, 한국어 자체에 얽매이지 않게 되었다. 복잡한 한국어를 간단히 요약할 수 있게 되었다. 구글 검색으로 내가 하고 싶은 말을 찾기 위해선 키워드를 찾아야 한다. 그런데 영어에 비해 다소 복잡하고 긴 한국어에서 키워드를 가려내기가 힘들었다. 한국어는 있어도 그만 없어도 그만인 말이 사족처럼 붙어있는 경우가 많다. 그래서 필요 없는 말을 떼고 주요 키워드만 뽑아내는 작업을 반복하다 보니, 아무리 복잡한 한국어 문장을 들어도 자동으로 쉬운 문장으로 치환하는 나를 발견했다. 통번역대학원에 들어가서 알게 된 사실인데, 이렇게 복잡한 한국어를 영어로 이야기하기 편하도록 가지치기하는 것을 '한한' 연습이라고 부른다. 이는 본격적인 통역 연습을 하기 전에 반드시 거쳐야 하는 아주 중요한 연습이다.

'한국어가 영어에 비해 왜 복잡하다는 것인가? 영어가 더 어렵지 않나?'라고 반문하는 이들을 위해 예를 들어 보겠다. 아래 문장을 영어로 말해야 한다고 생각해보자.

"종전과는 다르게 주식시장의 들쑥날쑥한 주가가 투자자들을 계속해서 두려움에 떨게 하고 있습니다. 위험을 감수하고라도 아슬아슬함을 즐기는 것에 익숙한 그들이지만 이번에는 범상치 않게 느껴진다고 합니다."

복잡하고 긴 '전형적인' 한국어 문장이다. 하지만 구글 영어 공부법으로 훈련하면 불필요한 부분을 과감히 빼고 중요한 메시지만 남길 수 있다. 이런 식으로 말이다.

"주가가 요동친다. 투자자들은 두렵다. 그들은 보통 risky함을 즐긴다. 하지만 이번에는 다르다."

처음에는 이 가지치기 과정에 시간이 걸린다. 하지만 구글 검색을 하며 키워드 뽑아내기를 수없이 연습하다 보면 속도가 붙는다. 이 부분만 잘해도 80%는 해결된 것이다. 그 후에는 실제 내가 들은 길고 복잡한 문장이 아니라, 내가 만든 쉬운 문장을 떠올리며 영어로 설명하면 된다.

주가가 요동친다. ▶ The stock market is fluctuated.

투자자들은 두렵다. ▶ Investors got nervous.

그들은 보통 리스키함을 즐긴다. ▶ They usually enjoy being risky.

하지만 이번에는 다르다 ▶ But things look quite different this time.

처음 한국어만 봤을 때는 어렵다고 느껴진 문장도 이렇듯 가지치기 과정을 거치면 영어로 접근하기 훨씬 수월해진다. 한국인이 사용하는 한국어를 미국인이 사용하는 영어로 말하기 위해서는 한국인의 사고방식에서 벗어나 미국인의 사고방식으로 갈아타는 과정이 필요하다. 이 과정을 지속하면 그 어떤 것도 외울 필요가 없다. 편의성을 위해 한국인이 사용하는 한국어를 A, 콩글리시를 A', 복잡한 한국어에서 메시지만 뽑아낸 문장을 B, 원어민 영어를 C라 불러보자. 고등학교를 졸업하고 시간이 지나 영어 공부를 다시 제대로 해보려 할 때, 우리의 영어 실력은 아래와 같은 1단계이다.

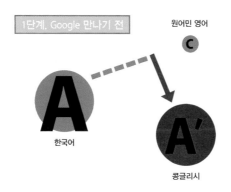

한국어, 즉 한국식 사고가 차지하는 비중이 너무 크고 원어민 영어에 대한 정보는 거의 없다. 한국어를 영어로 말할 때 가야 하는 방향은 원어민 영어다. 하지만 원어민 영어로 갈 방법을 모르니 우회하여 콩글리시를 택한다. 이 상태에서 구글 영어 공부법으로 공부하면 다음의 2단계가 된다.

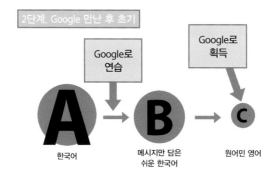

구글 검색을 하면 첫째, 한국어 가지치기 능력이 생기기에 B라는 중간다리를 갖게 된다. 둘째, 구글 검색을 하는 동안 C라는 원어민 영어를 자연스럽게 획득해 나간다. 결론적으로 A는 B를 통해 C로 나오게 된다. 아직은 한국어인 A에 비해 원어민 영어인 C가 작고 A, B, C가 듬성듬성 연결되어있다.

구글 영어 공부법을 꾸준히 하다 보면 3단계에 도달하게 된다. A에서 B, B에서 C로 가는 2단계를 반복하다 보면 어느새 B의 과정이 점점 사라진다. 그리고 어떤 한국어를 들어도 바로 원어민 영어로 치환된다.

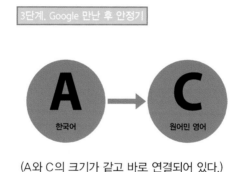

(A와 C의 크기가 같고 바로 연결되어 있다.)

우리는 이 연습을 해야 한다. 끝없이 A를 B로 바꾸고 B를 C로 바꾸는 연습을 먼저 해야 한다. 그러면서 B의 입지를 줄여서 A가 들어가서 C로 나오는 시간을 줄이고, 동시에 C를 키워 원어민력을 높여야 한다.

암기로는 해결되지 않는다. 암기가 이 중에서 어떤 과정에 도움이 되겠는가? 우리는 고기를 잡아서 앞에 놓아주는 영어 공부법이 필요한 것이 아니다. 스스로 고기 잡는 법을 배워야 한다. 고기 잡는 법을 알려주는 것이 바로 구글 영어 공부법이며, 우리가 잡아야 할 고기를 진열해 놓은 곳이 구글이다.

이 페이지를 넘기기 전에 한 가지 할 일이 있다. 지금까지 시도했던 모든 영어 공부법은 잠시 잊어라. 이 책의 마지막 장을 덮는 순간, 지금까지 해왔던 방법이 여전히 맞다는 생각이 들면 그때 가서 다시 그 방법을 택하라. 하지만 단언컨대 그럴 일은 없을 것이다. 지금부터 본격적으로 소개할 구글 영어 공부법은 10년 동안 내가 시도했던 수없이 많은 영어 공부법 중 유일하게 내 영어 실력을 탈바꿈해준 방법이며, 아무리 발버둥 쳐도 뛰어넘을 수 없었던 국내파 영어의 한계를 넘게 해준 공부법이다. 나는 구글 영어 공부법을 만난 이래로 그전에 시도했던 그 어떤 영어 공부법으로도 돌아가지 않았다.

2장

영어 한 페이지가
머릿속에 통째로 복사되는
구글 영어의 힘

①

미국인 10명 중 8명이 쓰는 일상어가 모여 있는 곳

언어에도 트렌드가 있다. 같은 언어라도 시대별로 차이가 있다. 사극에서 쓰는 한국어와 지금 우리가 쓰는 말이 다르고, 80년대 영화 속 대사와 요즘 영화의 대사에 차이가 있듯 말이다. 하지만 우리는 시대별 한국어를 쉽게 구별하는 반면 시대별 영어는 잘 구별하지 못한다. 팟캐스트를 시작으로 SNS상에서 '한국말 완벽한 원어민 영어 강사 마이클쌤'으로 통하는 미국 출신의 마이클 엘리엇(Michael Elliott)도 인터뷰에서 다음처럼 말한다. "한국인들은 오랜 기간 엄청난 돈을 쓰고 영어를 배운다. 근데 문제는 그 많은 돈을 내고 틀린 영어를, 현대 미국에선 쓰지 않는 50년대 표현을 배운다."

지금 이 시대에서 영어를 하려면 이 시대를 살아가는 원어민들이 구사하는 영어를 이해하고 사용할 수 있어야 한다. 이를 위해서는 요즘 미국인들이 가장 많이 소통하는 방식이 무엇인지 알아야 한다. 요즘 미국인들도 SNS를 통해 소통한다. 모르는 정보, 궁금한 정보는 구글에 묻는다.

우리도 그렇지 않은가? 맛집을 알아보거나 주말에 볼만한 전시를 알아볼 때, 반려견이 갑자기 시무룩하거나 선풍기 가격을 비교할 때, 네이버(www.naver.com)를 연다. 일상 속에서 정보가 필요한 순간 자연스레 네이버를 여는 것이다. 뿐만 아니라 자격증 정보, 전문용어, 금융 정보 등 전문성이 필요한 순간에도 네이버를 연다. 또 영화 리뷰나 내가 좋아하는 노래 가사를 찾아보기도 하는 등 취미생활도 네이버로 즐긴다. 우리가 네이버에서 하는 행위를 미국인들은 어디서 하고 있을까? 바로 구글이다.

가만히 생각해보면 이 시대를 살아가는 한국어 원어민인 우리가 실제 생활에서 쓰는 말은 외국인을 위한 한국어 교재, 뉴스나 신문보다 오히려 블로그 맛집 포스트에 쓰인 말에 더 가깝다. 그러니 구글에 입장하는 순간, 우리는 이 시대 미국인들이 실제로 쓰고 있는 영어에 노출된다. 그런데 직접 외국인과 대화하면 되지 않을까? 전화 영어 수업을 듣거나 미국인 친구를 사귄다거나 원어민 회화 수업을 듣거나 해서 말이다. 하지만 이 방법들보다 구글에 입장하는 게 더 효과적이다. 아직 한국어에 서툰 외국인을 직접 마주하고 대화할 때 우리는 본능적으로 외국인을 배려한다. 예컨대 평소보다 말을 느리게하고, 같은 뜻이라도 조금 더 쉽고 교과서적인 단어를 선택하려고 노력한다. 우리를 대하는 미국인도 마찬가지며, 때문에 앞서 얘기한 전화 영어, 미국인 친구, 원어민 회화 수업에서도 상대가 이런 방식으로 우리를 배려할 가능성이 크다. 하지만 그런 배려는 영어 실력 향상에 도움이 되지 않는다. 참 실력을 늘리기 위해서는 이런 배려가 빠진 불친절한 영어에 노출될 필요가 있다. 구글의 세계에서 미국인들은 외국인을 배려하지 않는다. 처음에는 겁이 날 것이다. 하지만 그 순간부터 우리의 참 실력은 쑥쑥 올라간다. 네이버 지식인이나 블로그를 생각해보라. 구글도 똑같다. 그들끼리 궁금한 것을 묻고 그에 답하고 반박하고 다시 질문하는 등 정보를 전달하는 데에만 집중한다. 그 과정에서 수없이 오고 가는 살아있는 영어, 외국인에 대한 배려가 빠진 그 불친절한 영어야말로 현재 미국인들이 실제로 쓰는 영어에 가장 가깝지 않을까?

　네이버와 구글의 차이가 있다면 네이버는 검색 이전에 뉴스나 연예, 문화 등 다양한 컨텐츠를 통합적으로 제공하는 데 집중하고 구글은 검색 자체에 더 집중한다는 것이다. 구글 사이트에 들어가 본 적 있는가? 보이는 건 화면 중앙의 구글 로고와 그 밑의 검색 바(bar)가 전부다. 그 단순한 화면을 보고 있노라면 구글의 자신감이 느껴진다. 이런 말이 들려오는 듯하다. "Just Google it."

　구글의 검색 엔진은 똑똑한 로봇이다. 매초 갱신되는 방대한 정보를 차곡차곡 모아 분류하고 평가하며, 검색어에 따라 사용자가 원하는 정보가 무엇인지 분석하고, 가장 관련성 높은 결과를 찾아 낸다. 우리가 내리는 명령에 최대한 만족스러운 결과를 보여주기 위해 늘 대기하는, 우리를 위해 존재하는 똑똑한 거대 로봇인 셈이다. 구글이 '검색'을 가장 크게 내세우며 검색에 대한 자신감을 뽐내는 데에는 든든한 근거가 있다. 구글은 전 세계 검색 엔진 시장에서 오랜 기간 압도적인 1위를 지키고 있다. 검색 엔진 시장에서 구글의 전 세계 점유율은 90% 이상, 미국 내 점유율은 85% 내외다(2019.05. 기준, gs.statcounter.com). 즉, 인터넷을 사용하는 미국인이 100명이라고 가정했을 때, 85명은 검색이 필요할 때 구글을 가장 먼저 연다는 소리다. 다시 말하면 우리가 무언가 궁금할 때 구글을 열어 영어로 검색한다면, 85%의 미국인과 똑같은 영어를 보는 것이다.

물론, 이런 생각을 할 수도 있다. '아무리 미국인의 85%가 주고받는 영어라 할지라도 문법에 맞지 않는 말도 있고 비속어도 있지 않을까? 검증되지 않은 영어가 있으면 어떻게 하지?' 그럼 내가 한번 물어보겠다. 지금까지 완벽한 문법, 비속어라곤 전혀 없는 표준 영어, 검증된 영어로만 공부해서 영어가 많이 늘었는가? 하나만 더 묻겠다. 여러분은 비속어가 하나도 없고 완벽히 문법에 맞는 검증된 한국어만 사용하는가? 두 질문에 대한 답이 모두 'NO'라면 나를 믿고 구글을 열어라. 문법이 틀렸더라도, 검증되지 않았더라도, 미국인이 실제로 쓰고 있는 말이라면 우리 역시 써도 된다. 오히려 그것이 미국인들이 일상 속에서 쓰는 영어다. 네이버 블로그에 들어가면, 문법에는 맞지 않지만 실제 우리가 쓰는 말들이 많지 않은가? 교과서에 나오지 않지만, 교과서에 나오는 말보다 더 많이 쓰는 말들이 구글에 있다. 비속어 빼고, 문법 오류 빼고, 국가에서 검증까지 다 마친 재미없는 영어에 질린 우리 아닌가?

살아있는 영어를 배우려면 살아있는 영어가 가득한 곳으로 가야 한다. 그리고 그곳에서 우리가 하고 싶은 말을 영어로 효율적으로 찾아낼 수 있어야 한다. 그래서 우리는 가장 트렌디한 영어가 가득한 구글에서 우리가 하고 싶은 말을 찾아내려 한다. 문법과 정석 뒤에 숨지 말고 날 것의 향이 가득한 트렌디한 영어의 바다에 몸을 던져보라. 두려워할 필요 없다. 어떻게 구글을 구워삶아야 하는지, 10년 동안 노하우를 쌓은 내가 여러분을 위해 지금부터 최고의 노하우만 엄선해서 공개한다.

구글력으로 당신의 원어민력을 확인하라

'원어민력'이란 정확히 무엇일까? 간단하다. 그 언어를 사용하는 원어민이 실제로 쓰는 표현, 원어민이 읽거나 듣자마자 바로 이해할 수 있는 표현이다. 즉, 원어민력이 높으면 원어민들이 자주 사용하는 표현이고 낮으면 비원어민들이 쓰는 어색한 표현이라고 할 수 있겠다. 비원어민들은 늘 궁금해한다. '과연 원어민이 내 영어를 알아들을까?' 나 역시 앞서 말했듯, 통역사 준비 시절 그 질문이 머릿속을 떠나지 않았다. 그리고 5년 차 통역사가 된 지금도 가끔씩 멈추어 자문한다. '방금 내가 한 영어, 콩글리시는 아니겠지?'

주변에 미국인이나 원어민급 영어를 구사하는 지인, 혹은 팀 내 전담 통번역사가 있다면 "이 영어 써도 될까요?"라고 물어보면 된다. 하지만 매번 그럴 수도 없는 일이다. 그리고 조금 더 솔직히 말하면 그러고 싶지 않은 순간도 많지 않은가? 이제 우리는 누군가의 도움을 빌릴 필요가 없다. 갸우뚱한 순간에 그저 구글만 열면 된다. 자, 시작해보자. 준비물은 단 두 개다. 미국인들이 알아들을지 확신 없는 내 영어 문장과 컴퓨터(노트북). 준비물이 갖춰지면 컴퓨터를 켜고 구글 사이트에 들어간다. 큰따옴표 안에 여러분이 확인하고 싶은 문장을 넣고 검색 버튼만 누르면 된다. 한 가지, 구글 검색 엔진은 검색어를 구성하는 단어 수를 32개로 제한하며, 그 이상 넘어가는 부분은 자동으로 잘라내고 검색한다. 또 검색어가 너무 길어지면 정확도도 떨어질 수밖에 없다. 자신이 만든 문장에서 가장 애매하고 자신 없는 표현만 최대한 떼어내서 검색해보자.

보너스 꿀팁

정확한 검색 결과를 보기 위한 필수 설정

구글은 사용자의 현재 위치를 기반으로 검색 결과를 보여준다. 미국에서 영어를 쓰는 원어민들과 같은 검색 결과를 보기 위해 구글 설정을 먼저 원어민화 하자. 지역은 미국으로 언어는 (미국)영어로 할 것이다. 순서는 상관없지만, 언어를 영어로 먼저 설정하면 갑자기 메뉴가 영어로 바뀌어 지역 설정 메뉴를 찾기 힘들 수 있으니 지역 설정부터 할 것을 추천한다.

1) 모바일 버전(구글 앱)

구글 앱을 열고 왼쪽 상단의 '내 계정'을 클릭한 뒤,

지역 설정: 검색 설정 → 검색 대상 지역 → 미국 → '저장' 누르기

언어 설정: 계정 환경설정 → 언어 → English → United States → '선택'

누르기

2) PC 버전

구글 사이트 접속에 접속해 오른쪽 하단의 '설정'을 클릭한 뒤,

지역 설정: 검색 설정 → 지역 설정 → '미국' 선택 → 저장

언어 설정: 검색 설정 → 언어 → English → 저장

검색 버튼을 누른 후 검색 결과 수를 확인하자. 검색 결과 가장 위쪽에 약 ***개라고 나오는 숫자를 말한다. '**개 이상이면 원어민력이 높은 표현이다!'라는 공식적인 기준은 없다. 하지만 만 단위 이상 된다면 대개는 안심하고 사용할 수 있다. 개인적으로 나는 500,000개를 기준으로 삼고 있다. 하지만 원어민력이 높은 표현도 그 표현 자체의 사용 빈도가 낮을 수 있으며, 특정 주어나 목적어 등을 포함하면 검색 결과 수가 낮게 나오기도 한다. 확실하게 하려면 검색 결과 수 이외에 하나 더 확인할 것이 있다. 바로 이미지 결과다. 내가 전달하려는 의미를 표현한 이미지 결과가 얼마나 있는지 확인하자. 원어민력이 낮은 상태에서는 한국어를 그대로 직역하듯 영어 문장으로 옮기기 쉽다. 하지만 원어민력 낮은 문장은 구글에서 들통나기 마련이다. 예를 들어보겠다. 비행기에서 "가방을 머리 위에 두다."를 "Put the bag on my head."로 영작했다고

가정해 보자. 그리고 그 표현을 구글에 넣어보자.

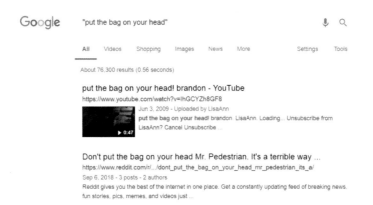

검색 결과 수는 약 76,300개로 낮은 편이다. 내가 기준으로 삼고 있는 500,000개에 못 미친다. 이미지 결과를 한 번 볼까?

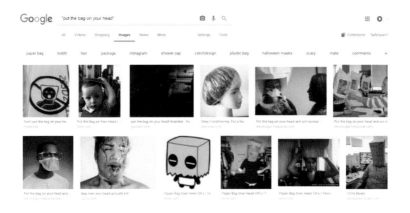

이미지 역시 내가 생각한, 기내에서 머리 위로 가방을 올리는 장면

이 전혀 아니다. 오히려 머리에 종이백이 씌워져 있는 이미지에 가깝다. 즉, 내가 생각한 "put the bag on my head"는 원어민력이 낮을뿐더러 내가 원하는 뜻을 담고 있지도 않은 표현이다. 이 방법을 통해 구글의 원어민력 테스트를 통과한 표현은 마음 놓고 쓰면 된다. 하지만 통과하지 못한 경우 대체되는 표현을 찾아야 한다. 어떻게 찾아야 할까? 이 부분은 제3장에서 누구나 쉽게 따라 할 수 있도록 자세히 다룰 예정이다.

보너스 꿀팁

검색 버튼을 누른 후, 첫 화면이 매우 중요하다. 지역과 언어 설정을 미국과 영어로 했음에도 검색 결과 첫 페이지부터 한글이 보인다면 99.999% 콩글리시라고 생각하라. 그리고 한자가 보인다든지 알파벳이기는 하나 유럽어로 보이는 글자들이 뜬다면 그 표현은 포기하라. 영어 원어민들은 쓰지 않는 말이다. 구글 검색 결과 수를 보면 '약' *** 개(about *** results)라고 나온다. 정말 확실한 결과인지 의문을 품을 수 있지만, 구글은 실시간으로 새로운 데이터들을 수집하기 때문에 현재 검색 결과와 10초 뒤의 검색 결과 수가 다를 수 있다. 구글 검색은 도서관처럼 정체된 자료에서 결과를 찾아 보여주는 것이 아니기 때문이다. 그리고 이렇게 추정치를 보여주는 것이 검색 속도를 높여주는 비밀 중 하나라고 한다. 그러니 검색 결과에 붙은 '약'에 의문을 품지 마시길. 신선도 높은 결과를 보여주기 위한 구글의 노력이니 말이다.

지금까지 구글의 검색 기능을 활용해 내 영어 문장의 원어민력을 확인하는 법을 알아보았다. 여기서 끝이 아니다. 통역사 준비를 하며 개발한 꿀팁도 함께 방출한다. 이 팁은 아마 생각지 못했을 것이다. 우리가 항상 일상적 대화에서 쓰이는 문장만 확인하고 싶은 건 아니다. 뉴스나 신문에서 쓰이는 공식적인 표현이 필요한 경우도 있다. 그럴 때는 구글로 확인한 후 한 번 더 확인하는 것이 좋다.

미국이나 영어에 큰 관심이 없는 사람들도 〈뉴욕 타임스(New York Times)〉를 한 번쯤 들어보았을 것이다. 〈뉴욕 타임스〉는 미국을 대표하는 신문사다. 우리나라로 치면 〈동아일보〉 같은, 누구나 알 만한 신문사다. 통역사를 준비하며 〈뉴욕 타임스〉 사이트(www.nytimes.com)를 참 많이 이용했는데, 어느 날 이런 생각이 들었다. "〈동아일보〉에 쓰인 한국어라면 믿고 쓸 수 있는 것처럼, 〈뉴욕 타임스〉에서 쓰는 영어도 보증수표 아닐까?" 이 생각에서 출발한 꿀팁이다. 공식적인 자리나 문서에 쓰일 표현이라면, 〈뉴욕 타임스〉에서 쓰인 영어 표현인지 확인해보자. 해당 사이트의 PC 버전과 모바일 버전이 약간 다르기에 직접 보며 설명하겠다.

PC 버전

사이트에 접속하면 왼쪽 상단에 돋보기 모양과 함께 search가 있을 것이다.

별표한 곳을 클릭하면 검색창이 뜬다.

모바일 버전

사이트에 접속하여 왼쪽 상단의 별표 표시한 부분을 클릭한다.

이는 본래 특정 문구가 들어가는 〈뉴욕 타임스〉 기사를 찾기 위해 쓰는 기능이다. 하지만 우리는 조금 다른 목적으로 사용하려 한다. 방법은 구글 검색과 마찬가지다. 궁금한 표현을 큰따옴표 안에 넣어 search 창에서 검색하면 된다. 감사하게도 〈뉴욕 타임스〉에도 검색 결과 수가 나온다. 나는 보통 2페이지 이상 그 표현이 나오면 믿고 사용한다. 특정 주제에 대해 영어로 글을 쓰고 있는 경우라면 그 표현을 포함한 기사를 읽어보는 것도 큰 도움이 될 것이다.

나는 통역 중 찜찜한 영어표현을 노트 가장 뒷면에 바로바로 적어두는 습관이 있다. 회의를 끝내고 자리로 돌아오면 바로 노트북을 켜고 이를 구글에서 검색해본다. 이 습관 덕분에 내 영어는 매일 조금 더 정교하고 정확해지며 발전하고 있다. 조금이라도 갸우뚱하거나 확신 없는 영어 표현이 자신의 입과 손끝에서 나왔다면 절대 그냥 넘어가지 마라. 행동에만 습관이 배는 게 아니다. 우리가 쓰는 언어에도 습관이 있다. 콩글리시를 사용했을 때 바로 확인하고 넘어가지 않으면 우리는 그 표현을 계속 쓰게 된다. 영어를 잘하고 싶은가? 원어민들이 쓰는 영어를 쓰고 싶은가? 지금 자신의 실력보다 한 단계 올라가고 싶은가? 그렇다면 이 방법을 반드시 활용하라. 원어민 표현을 외울 필요가 없다. 이미 내 안에 자리 잡은 콩글리시부터 제거하는 것이 순서다. 내 안에 콩글리시가 남아있는 한, 아무리 좋은 원어민 영어를 외워도 그 표현은 절대 내 것이 되지 않는다. 스스로의 눈으로 자신의 영어가 콩글리시라는 사실을 직접 확인해야 한다. 그 후, 제3장에서 설명할 방법으로 콩글리시를 대체할 수 있는 원어민 표현을 내 손으로 찾아야 한다. 그리고 콩글리시와 원어민 표현의 차이를 반드시 느껴야 한다. 이 행위를 반복하라.

그러면 어느 날 본능적으로 감지할 수 있다. "방금 내가 뱉은 영어는 원어민력이 낮은 영어구나." 나를 믿어라. 그 순간부터 여러분의 영어 실력에 날개가 달린다.

사전을 열고 싶은 순간, 나는 구글을 연다.

여러분은 모르는 영어단어를 마주하면 무엇을 가장 먼저 떠올리는가? 그렇다. 사전이다. 우리는 지금까지 모르는 단어가 나오면 자동으로 영한사전을 열어보았다. 하지만 영한사전으로 찾아본 단어는 순간의 답답함을 일시적으로 해소해주는 임시방편일 뿐이다. 그렇기에 그 순간이 지나면 연기처럼 사라져 버린다. 이를 방지하고자 찾아본 단어를 따로 단어장에 써두고 암기하기도 한다. 하지만 암기한 단어도 머릿속에 그리 오래 남지는 않는다. 그럴 때마다 우리는 '모르는 단어를 한 번에 완벽히 암기하는 것은 당연히 불가능하지! 반복하면 잊지 않을 거야!'라고 굳게 믿는다. 하지만 우리가 단어의 뜻을 기억하지 못하는 진짜 이유는 반복이 부족했기 때문이 아니다.

6개 국어를 유창하게 구사하는 오페라 가수이자 '외국어 공부의 신'으로 알려진 게이브리얼 와이너(Gabriel Wyner)는 그의 저서 『플루언트

포에버(Fluent Forever)』에서 6개 국어를 마스터한 비법을 공개했다. 그는 인간의 시각 기억은 경이적이며 우리는 단어보다 이미지를 훨씬 잘 기억한다고 말한다. 따라서 언어를 효과적으로 습득하기 위해선 시각 기억을 적극적으로 이용해야 하며, 특히 단어와 그림을 결합하는 방법을 생각해야 한다고 주장하고 있다.

나는 그의 주장에 열렬히 공감한다. 영어단어를 제대로 이해하려면 절대 영한사전에 나온 한국어를 먼저 보면 안 된다. 그 단어의 뜻을 담고 있는 이미지를 먼저 보아야 한다. 그럼 모르는 단어의 이미지를 어디서 어떻게 볼 수 있을까? 복잡하거나 시간이 오래 걸리지는 않을까? 이 모든 질문에 대한 대답을 지금부터 공개한다.

큰따옴표를 활용하라

모르는 단어나 표현이 나오면 사전 대신 구글을 열어라. 큰따옴표 사이에 알고 싶은 단어를 넣고 검색한 후 이미지를 클릭하라. 한 단어이든 두 단어 이상이든 관계없다. 단, 앞서 이야기했듯 너무 길면 좋지 않다. 최근 영어 잡지에서 읽은 문장이다.

I've never shot anyone before, and the moment I squeezed the trigger I knew things would never be the same again.

나는 squeeze the trigger가 무슨 뜻일지 궁금했다. 그래서 구글을 열고 검색창에 "squeeze the trigger"를 넣어 검색했다.

손으로 권총을 잡고 있는 이미지가 많다. 그중에서도 총을 쏘는 듯 손가락을 구부리는 장면이 많다. 이미지를 보고 어떤 상황인지 추측해 보라. 총을 쏘기 위해 손으로 총을 잡고 두 번째 손가락을 내 쪽으로 당기는 이미지를 보면 어떤 한국어 표현이 떠오르는가? 그렇다. "방아쇠를 당기다."이다. 물론 영한사전에도 같은 한국어로 나와 있다. 영한사전의 뜻이 틀렸기 때문에 사전 대신 구글을 열라는 것이 아니다. 다만 모르는 단어나 표현을 받아들이는 과정이 판이하게 다르며, 그 차이가 단어의 각인효과에 지대한 영향을 끼치기에 구글을 사용하라는 것이다.

모르는 영어 표현을 이미지로 확인하면 다음과 같은 과정이 우리 머릿속에서 일어나게 된다.

모르는 영어 단어 → 구글 검색 → 이미지 클릭 → 모르는 단어에 대한 이미지들이 보인다. → 이미지들을 보면 처음에 찾으려 했던 영어단어는 잠시 잊게 된다. → 이미지를 보며 어떤 상황이며 어떤 뜻일까 끊임없이 추론한다. → 이 과정에서 이미지에 해당하는 한국어를 스스로 찾아낸다. '아! 이런 뜻인가 보네!'('아! '방아쇠를 당기다'라는 뜻인가 보네!') → 이미지를 보고 생각해낸 나의 한국어 표현, 그리고 스치듯 보았던 많은 이미지로 알고자 했던 영어 표현을 기억하게 된다. 게이브리얼 와이너가 얘기한, 단어와 그림을 결합하여 인간의 경이적인 시각 기억을 활용하는 방법이 바로 이 방법이다. 하지만 영한사전을 찾아볼 경우 이 과정의 대부분이 생략된다. 그 영어 단어의 뜻에 대해 고민하고 해당하는 한국어를 스스로 매칭하는 과정이 빠진 채, '모르는 단어를 넣는다 → 한국어 답이 나온다.'로 끝나게 된다. 마치 계산기처럼 우리에게 답을 바로 짠하고 보여준다. 영한사전을 찾아보면 영한사전에서 제시하는 한국어에 얽매이게 된다. 그리고 그 한국어가 우리에게 일방적으로 주입된다. 마치 선입견처럼 말이다. 내 말투나 해석이 전혀 들어가지 않기에 각인효과가 낮을 수밖에 없다.

definition/meaning

구글을 활용해 모르는 단어를 찾아보는 또 하나의 방법이 있다. 구글을 열고 squeeze the trigger definition 혹은 squeeze the trigger meaning 이라고 검색하면 된다. 위의 방법으로 이미지를 확인했지만 이미지가 많이 없거나 이미지로는 확실히 이해되지 않을 때 사용할 수 있다. 이렇게 검색하면 해당 표현에 대한 설명을 영어로 볼 수 있다. 영영사전을 활용하는 것과 같다. 영영사전은 우리로 치면 국어사전이다. 외국인이 한영사전을 보는 것과 국어사전을 찾아보는 것 중 어떤 것이 더 한국어를 배우는 데에 효과적일까?

여기, '백김치'란 단어를 모르는 두 명의 외국인 톰과 마이클이 있다고 하자. 톰은 백김치라는 단어를 한영사전에서 찾아보았다. 한영사전에 백김치는 뭐라고 나와 있을까? 놀라지 말 것. 믿기 힘들겠지만, 'white kimchi'라고 나와 있다. 말 그대로 하얀 김치라고 나와 있다. 백김치를 보지도 듣지도 맛본 적도 없는 톰이 white kimchi라는 영어만 보고 백김치를 정확히 이해할 수 있을까? 반면, 마이클은 국어사전을 찾아보기로 한다. 국어사전에는 백김치가 뭐라고 나와 있을까?

'고춧가루를 쓰지 않거나 적게 써서 허옇게 담근 김치'라고 나와 있다. 이 정도면 마이클도 이해할 수 있지 않겠는가? 그런데 만약 마이클이 국어사전을 찾아보았을 때 나온 설명 안에 모르는 단어가 있다면 어떻게 할까? 가령 '고춧가루'라는 단어를 몰랐거나, '담근'이라는 말을 몰랐다면? 이 단어도 찾아보았을 것이다. 같은 시간을 들여서 검색했는데 톰은 여전히 아리송하고 마이클은 백김치가 무엇인지에 대해 감을 잡았다. 게다가 마이클은 톰보다 이미 한 발 앞서 나갔다. '고춧가루' 그리고 '담그다'란 단어까지 알았으니 말이다.

자, 어떤가? 우리도 마찬가지다. 영어단어를 모른다고 바로 영한사전을 찾아보면 백김치는 white kimchi라는 결과밖에 얻지 못한다. 하지만 영영사전 혹은 구글을 통해 찾아보면 백김치를 훨씬 더 정확하게 이해할 수 있을 뿐 아니라 설명을 읽어가는 과정에서 나오는 관련 단어들도 찾아보게 된다. 그리고 내가 찾고자 하는 단어를 설명하는 문장 속에 있는 단어는 훨씬 더 기억하기 쉽다. 마이클이 고춧가루라는 단어를 다른 곳에서 따로 본 것과 백김치라는 설명 안에서 본 것은 매우 다르다. 후자의 경우, 마이클의 머릿속에는 '백김치는 고춧가루가 없는 김치야.'라는 이미지가 남게 된다. 본인이 찾아보고자 한 백김치와 고춧가루라는 단어가 자연스레 연결된다. 그렇기에 마이클은 고춧가루의 뜻도 더 쉽게 이해하게 될 것이다.

더는 영영사전을 두려워하지 말자. 여러분의 어휘력을 늘려줄 수 있는 어마어마한 무기가 될 것이다. 마음에 드는 영영사전을 하나 즐겨찾기 해두고 활용해도 좋지만, 나는 구글에서 검색하기를 권한다. 구글의 검색 결과에는 영영사전도 있고, 우리나라 네이버 지식인처럼 비원어민이 해당 영어 단어의 뜻을 묻고 원어민이 답해주는 사이트도 포함되어 있기 때문이다. 즉, 더 다양한 방식의 설명을 접할 수 있다.

모르는 단어가 나오면 구글을 열어 검색하라. 수수께끼 풀듯, 이미지를 보며 어떤 뜻일지 고민해보라. 그리고 해당하는 한국어를 스스로 찾아보라. 그렇게 찾은 단어에는 여러분의 애정이 듬뿍 담기게 된다. 잊고 싶어도 잊히지 않는 첫사랑처럼 여러분의 마음과 머릿속에 각인될 것이다. 그리고 백김치를 그저 white kimchi로 알고 싶지 않다면, 구글에 올라와 있는 수많은 영어 설명을 통해 백김치를 이해하라. 그 과정에서 여러분이 찾고자 했던 단어뿐 아니라 많은 관련 단어나 표현들도 덤으로 알게 될 것이다. 그래서 사전을 열고 싶은 순간, 나는 구글을 연다. 여러분도 이제 사전을 열고 싶은 순간, 구글을 열기 바란다.

4

사전에도 나오지 않는 영어표현, 여기 다 있네!

"세상에는 두 가지 종류의 지식이 있다. 첫 번째는 알고 있다는 느낌은 있지만, 남에게 설명할 수 없는 지식이다. 두 번째는 알고 있다는 느낌도 있고 남에게 설명도 할 수 있는 지식이다."『스마트 싱킹(Smart Thinking)』의 저자 아서 마크맨(Arthur B. Markman)의 말이다. 그리고 난 이렇게 덧붙이고 싶다. 후자만이 지식이며 전자는 지식이 아닌 착각일 뿐이라고. 영어도 마찬가지다. 알고 있다고 착각하고 있는 단어들이 아주 많다. 아래 질문에 한번 대답해보기 바란다.

"look과 see는 정확히 무슨 뜻인가? look과 see는 어떻게 다른가? Look과 See는 각각 언제 쓸 수 있는가?"

이 3가지 질문에 선뜻 답하지 못하고 멈칫했다면 여러분은 look과 see라는 단어를 안다고 착각하며 살았던 것이다. 왜 선뜻 대답하지 못한 걸까? look과 see라는 단어를 모르는 것도 아닌데 말이다. "그럼 인터넷으로 영한사전을 찾아보지요. 뭐!"라고 대답할지도 모르겠다. 그래서 내가 먼저 찾아보았다.

Look: 보다, 바라보다, 찾다, 찾아보다, 관심을 기울여서 보다, ~한 것 같다, 겉으로 보기에 ~인 것 같다, 마치 ~인 것 같다.

See: 보다, 알다, 목격하다, 앞을 보다, 구경하다, 만나다, 방문하다, 이해하다, 예상하다, 생각해보다, 확인하다.

영한사전을 보았으니 이제 위의 3가지 질문에 답할 수 있겠는가? 나의 대답은 '아니오'다. look도 see도 심지어 그 단어들을 설명한 한국어도 다 아는 말인데, 왜 여전히 위의 3가지 질문에는 정확히 대답할 수 없는 걸까? 이것이 바로 영한사전의 한계이며 허점이다. 설명이 한국어로 되어있으니 찾아보는 순간 무슨 뜻인지 이해했다고 착각하게 만드는 것이다.

특정 단어를 안다는 착각의 폐해는 3가지 질문에 대답하지 못하는 것에서 끝나지 않는다. 비슷한 두 단어의 차이점을 야무지게 설명할 수 없다는 건 그들을 영어로 말할 때도 절대 제대로 활용할 수 없다는 뜻이다. 믿기지 않는가? 지금까지 look과 see를 잘만 사용해 왔다고? 그렇다면 "지금 찾아보고 있는데 안 보이네요."라는 문장을 look이나 see를 활용해서 영어로 말해보라. 지금, 1초라도 갸우뚱했다면 여러분은 look과 see를 제대로 활용하지 못한다는 뜻이다. 하지만 걱정할 필요 없다.

곧, 대답할 수 있게 될 테니! 답은 뒤에 공개하겠다.

앞서 강조했듯 영어 실력 향상을 위해 우리는 새로운 영어 단어나 표현을 더는 외울 필요가 없다. 대신, 지금 알고 있는 단어들을 정확히 이해해야 한다. 단어 하나만 제대로 알아도 그 단어를 활용해 표현할 수 있는 문장은 무궁무진하다. 그럼 영어 단어를 어떻게 하면 정확히 이해할 수 있을까? 영어 단어를 알고 있다는 착각의 저주에 더 빠지기 싫다면, 한 단어라도 제대로 정확히 알고 싶다면 이제 영한사전은 덮고 구글을 열어라.

두 단어의 미묘한 차이를 알고 싶을 때(각각 한 단어일 경우)
단어1 vs 단어2　　(또는)　단어1 or 단어2

구글을 열고 위의 공식을 넣자. 비슷해 보이는 두 단어의 차이를 모르는 것은 우리만이 아니다. 때로는 영어 원어민도 모른다. 우리도 '쟁이'와 '장이'처럼 쓸 때마다 헷갈려서 슬그머니 네이버를 찾아보는 단어들이 있지 않은가? 그래서 우리가 두 영어 단어의 차이를 알려 달라고 구글에 도움을 요청하면 그에 대한 대답이 이미 올라와 있는 경우가 많다.

단어1 vs(or) 단어2의 형태로 구글에 넣어 검색한 후, 이미지 검색 결과를 먼저 확인하자. 글보다는 이미지 형태가 훨씬 이해하기 쉽기 때문이다. 구글은 이미지 데이터도 풍부하다. 보기만 해도 차이점을 확연히 느낄 수 있는 좋은 이미지들이 많다. 그렇다고 이미지만 있는 것은 아니다. 텍

스트와 이미지를 적절히 섞어서 가독성을 높인 슬라이드 형태도 많다.

영한사전에서 알려주지 못한 look과 see의 차이를 구글은 어떻게 알려주는지 한 번 볼까?

구글에서 'look vs see'를 검색해보았다.

이렇게 많은 이미지 결과가 나온다. 그중에서 본능적으로 끌리는 이미지를 클릭하자. 나도 늘 내 마음에 드는 이미지를 클릭한다. 책이나 영화도 표지나 포스터만 보고 끌리는 선택을 했을 때 실패율이 적기에 난 시각적으로 통하는 힘을 믿는다. 끌리는 이미지를 통해 배우는 영어가 이해도 더 잘된다.

분홍색 배경 때문인지 난 이 이미지를 클

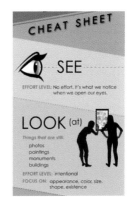

릭해보았다. 무언가를 바라보는 듯한 눈 옆에 'see'라고 적혀 있다. 그 아래는 'see를 위해 들여야 할 노력은 없다. 눈을 뜨면 바로 보이는 것이다.'라고 쓰여 있다. 밑으로 내려가 보자. 그림을 자세히 들여다보는 사람들 이미지 옆에 'look'이라 쓰여 있다. '사진, 그림, 기념물, 빌딩 등을 의도를 가지고 보는 것이다. 그것의 색, 크기, 모양에 집중한다.'고 되어 있다. 슬슬 감이 오는 것 같지 않은가? 하나의 이미지에서 완벽히 이해할 필요는 없다. 아! 하는 순간이 올 때까지 마음에 드는 이미지들을 클릭해서 보자. 분홍색 이미지에서 나와 다음의 이미지를 클릭해보았다.

이 이미지는 글씨체가 깔끔하고 보기 좋게 정리된 느낌이라 클릭했다.

'see' 아래 쓰인 걸 보니, 우리에게 눈이 있기 때문에 see 하는 것이지 일부러 혹은 의도를 갖고 보는 것은 아니라고 한다. 밑의 'look'을 보니 우리가 보려고 애를 쓰거나 무언가를 찾을 때 look 한다고 한다. '…아!'

이제 완벽히 이해되었다.

see는 내 노력이나 의지와 관계없이 그냥 눈을 뜨니 보이는 것이다. 자, 이쯤에서 위에서 물어본 문제를 다시 내보겠다. "지금 찾아보고 있는데 안 보이네요."를 look과 see를 활용해서 영어로 만들어본다면 어떻게 할 수 있을까? 그렇다. 의도를 갖고 집중해서 찾아봐야 할 땐 look, 눈앞에 보이는지 여부를 이야기할 땐 see다. 즉, "I'm looking, but I don't see it."이 된다. 처음 이 질문을 보았을 때보다는 쉽게 답할 수 있다. 불과 몇 분 사이에 여러분에게 어떻게 이런 변화가 생겼을까? 그렇다. 구글 이미지로 단어를 찾아보았기 때문이다. 하지만 이미지로 모든 걸 해결할 수 있는 건 아니다.

shift와 change도 비슷한 듯 미묘하게 다른 의미를 가진 단어다. 한 단어이기에 위의 see와 look의 차이를 알아볼 때와 마찬가지로 vs를 사용해서 구글에 검색해보았다.

그런데 뭔가 이상하다. look vs see 때와는 조금 다르지 않은가? 딱히 우리가 참고할 만한 이미지가 없어 보인다. 그럴 때는 이미지 결과를 포기하고 전체 결과(All)로 넘어오자.

이미 두 단어의 차이를 묻는 글들이 올라와 있다. 이 기능을 계속 활용하다 보면 알게 되지만 〈Word Reference Forums〉(https://forum. wordreference.com)란 사이트의 문서가 많이 보일 것이다. 개인적으로 이 사이트를 가장 먼저 클릭하기를 권한다. 나도 이 사이트를 클릭했다.

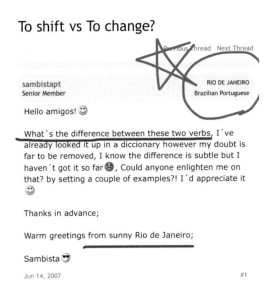

두 단어의 차이에 대한 질문이 이미 올라 와있다. 파란색으로 표시한 부분을 보자. 이 사이트에서는 질문자나 답변자의 아이디/별명 옆에 거주 지역과 모국어를 함께 보여준다. 답변을 선별해서 참고할 수 있다는 뜻이다. 이 때문에 나는 이 사이트를 강력히 추천한다. 이 질문자는 Rio de Janeiro 즉 브라질에 거주하고 있으며 모국어는 브라질에서 사용하는 포르투갈어인 것으로 보아 비원어민이다. 밑의 답변을 보자.

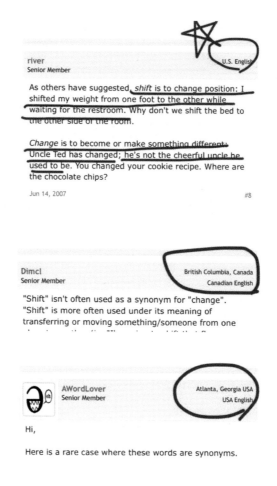

나는 답변을 읽기 전, 별표 친 부분, 즉 답변자의 모국어와 거주지를
먼저 확인한다. 이 사이트에서는 영어도 미국 영어, 영국 영어, 캐나다

영어 등으로 분류하고 있다. 올라온 질문에 대해 가장 위의 답변자가 매우 친절하게 설명해주었다. shift는 위치를 바꿀 때 쓴다고 한다. '화장실에서 줄 서서 기다릴 때, 한쪽 다리에 체중을 싣고 있다가 반대쪽 다리로 체중을 옮겨 실었다.'는 예를 들어주었다. 반면, change는 무언가 변했다, 달라졌다는 뜻에 가깝다고 한다. 'Ted 삼촌이 변했다. 예전만큼 활기차지 않다.'라는 예를 들어주었다.

이렇게 답변자의 역량에 따라 다양한 예를 들어가며 그들의 방식으로 설명해준다. 이 역시 한 답변으로 확실히 이해되지 않을 경우, 밑으로 내려서 다른 답변을 보면 된다.

지금까지 이미지 또는 전체 결과를 통해서 두 단어의 뜻을 비교해보는 방법에 관해 이야기했다. 앞으로는 단어 두 개의 미묘한 차이가 알고 싶다면 이 방법을 적극적으로 활용하라. 이어서 두 단어 이상으로 이루어진 표현들을 비교하는 방법에 대해 알아보겠다.

5

아! 이렇게 쓸 수도 있구나

앞서 'vs'를 활용한 검색으로 두 단어의 차이를 확인하는 법에 대해 알아보았다. 영어에는 우리가 뻔히 아는 동사 뒤에 in, on 따위를 붙여 무슨 뜻인지 아리송하게 만드는 경우가 자주 있다. 그래서 같은 단어일지라도 뒤에 어떤 전치사가 붙어있느냐에 따라 의미가 달라진다. cut이라는 단어는 모두 알 것이다. 그러면 cut 뒤에 각기 다른 전치사를 넣어서 다음 두 문장을 만들어보라.

1) 엄마! 이 종이에 그린 하트를 오려주세요!
2) 엄마! 이 종이 밑 부분을 잘라주세요!

같은 cut을 사용해도 뒤에 붙는 전치사에 따라 '오려주세요.'가 되기도 '잘라주세요.'가 되기도 한다. 답은 뒤에 공개하겠다. 나는 영어를 들거나 읽다가 분명히 아는 단어로만 이루어져 있는데 도대체 무슨 뜻인지 알 수 없을 때 가장 답답하다. in, out, over, on, off 등 전치사가 주범인 경우가 많다. 앞서 말했듯 look이나 see를 안다고 착각했던 것처럼, 우리는 전치사도 안다고 착각하는 경우가 많다. 하지만 걱정할 것 없다. 전치사 하나하나를 다시 공부할 필요도 없다. 영한사전을 열어서 뜻을 확인하려는 시도는 절대 반대다. 구글만 있으면 된다.

두 표현의 미묘한 차이를 알고 싶을 때(각각이 두 단어 이상일 경우) 전치사 등으로 인해 비교하고 싶은 두 개의 표현이 각각 두 단어 이상으로 이루어져 있다면 우리가 택할 수 있는 방법은 두 가지다.

1) 함께 찾기

"표현1" vs "표현2" (또는) "표현1" or "표현2"

앞서 설명했듯 비교하고자 하는 표현 사이에 vs를 넣어서 검색하면 된다. 단, 이때는 하나의 표현이 두 단어 이상이므로 각 표현을 큰따옴표 안에 넣자. 그리고 이미지 결과가 아닌 전체 결과를 보자.

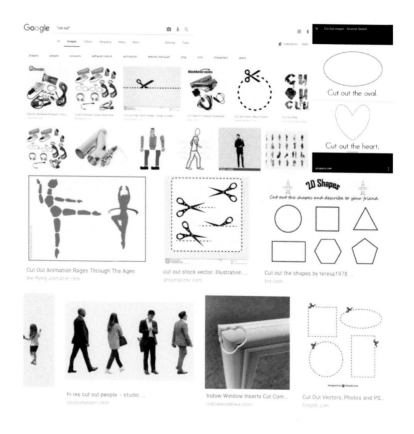

점선을 따라 가위로 오려내는 이미지가 많이 나온다. 종이 인형이 문득 생각난다. '큰 종이에 그려져 있는 인형을 가위로 잘라서(cut) 큰 종이 밖으로 (out) 오려내다.'같은 느낌이다. cut out은 종이 오리기의 느낌이라는 것을 알았다.

그런데 계속 내려가다 보니 이렇게 비키니, 레깅스, 드레스 사진도 보인다. 공통점은 오려낸 듯한 디자인이 들어가 있다는 것이다. 그래서 "cut out dress"로 다시 검색해보았다.

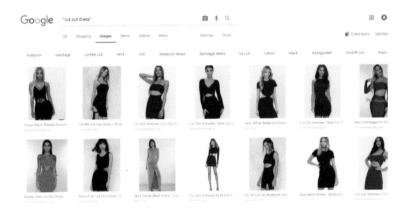

역시나! 오려낸 듯한 디자인은 모두 컷-아웃 드레스(cut-out dress)라 명하고 있다. 이렇게 구글과 함께하면 찾고자 하는 표현 외에 연관된 다른 표현을 덤으로 알게 되기도 한다. 그렇다면 cut off는 무엇일까?

전화선을 자르는 장면이 여러 번, 전선을 공구로 끊어내는 장면과 무시무시한 절단기 사진이 많이 나온다. 감이 오는가? 아예 절단하는 것, 필요 없으니 잘라내어 버리는 듯한 느낌이다. 전화선을 자르는 것은 더는 전화를 받고 싶지 않으니 전화선을 자르는 것으로 보인다.

cut out이 더 아름다운 무언가 혹은 필요한 것을 만들기 위해 큰 것에서 작은 것을 오려내는 느낌이 강하다면, cut off는 더는 필요 없는 것, 원치 않는 것을 잘라내고 끊어내어 버리는 느낌에 가깝다. 위의 질문을 기억하는가?

   1) 엄마! 이 종이에 그린 하트를 오려주세요!
   2) 엄마! 이 종이의 밑 부분은 잘라주세요!

이제 cut out과 cut off의 뜻을 구글을 활용해 정확히 알았으니 위의 두 문장을 어렵지 않게 만들 수 있다. 큰 종이에서 하트만 오려내는 것은 cut out. 종이가 너무 커서 윗부분만 쓰기 위해서 밑 부분을 싹둑 잘라냈다면 cut off가 될 것이다. 그러니 답은 아래와 같이 나올 수 있다.

1) Mom! Please cut out this heart! (Cut this heart out!)
2) Mom! Please cut off the bottom! (Cut the bottom off!)

영어를 잘한다는 것은 영어로 된 글과 말을 잘 이해하고 나 역시 내가 하고 싶은 이야기를 글과 말로 잘 표현한다는 뜻이다. 잘 이해하고 잘 표현하려면 먼저 재료가 되는 단어를 정확히 이해해야 한다. 이를 위해 안다고 착각하는 쉬운 단어들도 명확히 알고 넘어가야 한다. 모르는 단어, 두 단어나 표현의 차이점을 알고 싶다면 남이 이미 찾아 둔 정답을 수동적으로 받아들이지 말고, 구글을 열어 이미지 혹은 영어로 된 설명을 통해 이해하자. 우리 스스로 이미지를 확인하고 영어로 설명을 이해한 표현은 오래 각인될뿐더러 활용하기도 수월해진다.

나는 매일 퇴근길, 판교 분기점을 지나간다. 어느 날, 멍하니 창밖을 보고 있는데 판교 분기점에 가까워져 올 즈음 잔디밭에 있는 팻말이 눈에 들어왔다. 그 팻말에는 '꽃길 있음'이라고 쓰여 있었다. 이곳에 꽃길이 있으니 직진하면 안 된다는 것을 알려주는 팻말이었는데, 나는 그 팻말을 보자마자 픔! 하고 웃어버렸다. 그리고 '우리 인생에도 꽃길을 알려주는 팻말이 있다면 얼마나 좋을까?'라고 생각했다. 우리 인생에 꽃길을 알려주는 팻말은 없을지라도 구글과 함께라면 재미와 실력을 동시에 잡을 수 있으니 구글이 우리의 영어 인생에 '꽃길 있음' 팻말 역할을 하는 것 아닐까?

3장

원어민에게 통하는 영어가
진짜 영어다.

①

하루 10분, 미국인처럼 생각하는 힘

새로움에는 익숙해짐이 필요하다. 익숙해진다는 것은 무엇일까? 사람, 직장, 언어 등 새로운 무언가에는 무엇이든 길드는 과정이 필요하며 그 과정이 쉽지만은 않다. 하지만 하루 10분이면 충분하다. 10분의 힘은 실로 어마어마하다. 갓 연애를 시작한 연인들을 보아도 알 수 있다. 몇 시에 일어나는지, 점심 메뉴는 무엇이었는지, 퇴근은 몇 시에 했고 저녁 시간은 어떻게 보냈는지, 하루 10분만 시간 내어 연락해도 우리는 상대에 대해 많은 것을 알 수 있다.

하지만 10분이라고 모두 같은 10분은 아니다. 서른이 되기 몇 달 전 엄마에게 등 떠밀려 난생처음 선을 보러 나갔다. 억지로 끌려나간 곳은 롯데호텔 로비에 있는 커피숍이었다. 시대가 어느 땐데 아직도 선을 호텔 커피숍에서 하냐며 투덜대며 두리번거리던 나는 "저 혹시…"라고 말을 거는 상대 남자를 본 순간 '딱 10분만 때운다.'라고 칼같이 다짐했다.

착한 사람인 듯 보였다. 관심 없는 이야기만 늘어놔서 그렇지. 아니 사실은 내가 관심이 안 생겨서 그렇지… 그와 마주한 지 5분이 지나자 나는 내 얼굴에 미소 짓는 가면을 붙여 놓고 속으로 주구장창 딴생각만 하는 나를 발견했다. 10분 동안 실로 어마어마한 양의 이야기를 들었다. 상대가 매주 일요일 교회에 가기 위해 몇 시에 집을 나서서 몇 번 버스를 타는지까지 말이다. 하지만 나에겐 무의미한 정보였다. 때운다는 생각으로 보낸 의무적인 10분이었기 때문이다.

하지만 알콩달콩 애정이 샘솟는 남자친구와의 10분은 완전히 다른 10분이다. 주중에 짬을 내어 10분이라도 얼굴을 보게 되면 만나기 전부터 엔도르핀이 샘솟는다. '빨리 가서 1분이라도 더 봐야지'라는 생각에 발걸음도 빨라진다. 수많은 타인들 사이로 저 멀리 연인의 모습이 보였다가 가려졌다를 몇 번 반복하고 나면 연인의 모습은 점점 커지고 어느새 코앞에 닿을 듯 서 있다.

만나는 순간 하루 동안 있었던 모든 피로감은 사라지고 경직되었던 온몸의 근육은 따뜻한 모찌처럼 말랑말랑 따뜻해진다. 며칠 동안 못 본 새 달라진 것 없이 다 그대로 있는지 눈을 동그랗게 뜨고 유심히 얼굴을 뜯어보고 서로의 안부를 묻고 연인의 냄새를 킁킁거리느라 눈, 코, 입, 귀가 모두 바쁘다. 그렇게 1분 같은 10분이 지나가면 주말이 얼른 오기를 바라며 아쉬운 인사를 한다.

같은 10분이지만 얼마나 다른가? 차이는 무엇일까? 전자는 궁금증도 애정도 없는 대상과 원치 않는 10분, 후자는 내가 궁금하고 애정을 가진 상대와 보낸 내가 원한 10분이다.

영어도 마찬가지다. 영어에 익숙해지기 위해서는 내가 궁금하고 애정을 갖는 내가 원하는 10분을 영어와 보내야 한다. 하지만 매일 영어에 노출되는 것이 중요하다고 해서 퇴근길에 의무적으로 영어 파일을 틀어 귀에 꽂아두고 멍하니 시간을 보내는 것은 우리의 영어 실력 향상에 전혀 도움이 되지 않는다. 엄마에게 등 떠밀려 롯데호텔 로비에 앉아있던 내 모습과 크게 다를 바 없다.

새로움, 즉 영어에 익숙해지기 위해서는 매일 10분의 힘을 적극적으로 활용해야 한다. 하지만 No 궁금, No 재미, No 애정의 '삼 No' 10분은 필요 없다. 무엇이든 의무감이 들어가면 자발성이 줄어든다. 자발성이 줄어들면 흥미도 줄어든다. 그리고 그 어떤 것도 흥미 없이 한다면 좋은 효과를 기대하기 어렵다. 그렇기에 우리는 자발성과 재미로 가득한 10분을 보내야 한다. 바로 구글과 함께 말이다.

앞에서 소개한 구글 영어 공부법은 사랑하는 연인을 만나는 짧은 10분처럼 우리의 자발성을 기반으로 한다. 구글 영어 공부법을 떠올려 보라. 이건 무슨 뜻이지? 이 전치사가 붙으면 무슨 뜻이지? 이건 영어로 어떻게 말할 수 있지? 모두 내 안의 궁금증에서 시작된다. 궁금하기에 알고 싶고 알고 싶으니 자발적으로 구글을 열고 마법의 단계를 실행한다.

구글 검색을 하는 동안 우리는 한국어에서 벗어나 원어민 세상을 여행한다. 검색 버튼을 누르고 이미지 결과를 확인하며 이미지 옆에 쓰인 짤막한 표현을 보고 내가 찾는 표현일지 생각해본다. 내가 찾는 이미지에 가깝다면 클릭해서 해당 링크로 이동하면 영어로 쓰인 페이지가 등장한다. 겉으로 보기에는 그저 검색하는 것처럼 보일지 몰라도 속내를 들여다보면 하나하나 영어에 익숙해지고 길드는 과정이다.

영어를 잘하기 위해 어학연수를 떠나는 이들도 많지만, 어학연수도 사실 정답은 아니다. 어학연수에 가자마자 미국인들과 어울리며 매일 영어 듣기 실력을 올리고 내가 한 말을 그들에게 직접 교정받으며 하루가 다르게 영어 실력을 올리겠다는 목표는 이루어지기 매우 힘들다. 나와 비슷한 영어 수준을 가진 세계 각국의 어학연수생들과 함께 좋은 추억을 남기고 미국 문화를 경험해 보는 것에 의의를 두는 것이 더 현명한 목표 설정이다.

집 떠나면 고생이라고 나도 미국을 그렇게 동경하고 좋아하지만 실제로 7개월 동안 미국에서 어학연수를 하며 힘든 점이 더 많았다. 음식이 입에 맞지 않아서 살이 10kg이나 빠졌었고 큰돈과 시간을 들여온 어학연수에서 최대한 많은 것을 배워가야 한다는 스트레스 때문에 급성 위염까지 생겼었다.

미국에서 지낸 지 몇 달이 지났을 때부터는 자려고 누우면 한국의 골목이 떠오르곤 했다. 무뚝뚝하다고 싫어했던 한국인들의 모습이 어찌나 그리운지, 또 길거리에 서서 먹는 떡볶이가 왜 그렇게도 그립던지. 친절해서 좋았던 미국인들도 어느 순간부터는 '남'처럼 느껴지기 시작했다. 영어 하나만을 위해 집 떠나 먼 미국 땅으로 가는 것이 좋기만 한 건 아니었다.

하지만 한국에서 먹고 싶은 음식을 실컷 먹으며 직장에 그대로 다니고, 보고 싶은 가족과 친구도 언제든 보면서 내 나라에서 편하게 살며 돈한 푼 들이지 않고 하루에 10분씩 미국에서 살아 볼 수 있다면? 그야말로 정말 Why not? 한번 해볼 만하지 않은가? 아니 해야만 하지 않을까?

구글을 열어라. 구글을 열고 하루에 한 번, 10분씩 구글과 놀아라. 제2장과 제3장에서 소개한 많은 방법 중에 마음에 드는 혹은 필요한 방법을 하루에 하나씩 골라서 해보라. 하루 10분, 누구에게는 곤혹스러운선 자리에서 가면 쓰고 딴생각하는 시간, 다른 누군가에게는 멍하니 TV보며 흘려보내는 시간이다. 그 시간에 구글을 열고 미국인이 되어보는것이다.

지금까지 해온 수많은 영어 공부가 큰 결실을 가져다주지 못했던 건우리의 원어민력을 높여주지 못했기 때문에, 우리로 하여금 미국인이되어 볼 기회를 마련해주지 못했기 때문이다. 입으로 영어를 말하고 귀로 영어를 듣고 눈으로 영어를 읽는다고 미국인이 되어보는 것이 아니다. 나도 선 자리에서 남자와 카페에 앉아있었지만 그게 사랑은 아니지않은가? 미국인이 되어본다는 건 우선 한국어를 벗어 던진다는 뜻이다. 그리고 미국인이 이 표현, 단어, 전치사를 어떤 이미지로 느끼고 선택하는지, 하나하나의 단어 그리고 그 단어들이 조합되었을 때 어떤 느낌인지 등을 직접 느껴 보는 것이다. 지금까지 여러분이 택했던 수많은 영어공부법들은 이런 부분을 모두 간과하고 단단히 뿌리박힌 한국어 위에억지로 영어를 뿌렸을 것이다. 그래서 뒤돌아서면 바로 증발해버리고 신기하리만치 오래가지 못했을 것이다.

　이제는 달라져야 한다. 달라지고 싶어서 다른 방법을 제시하는 이 책을 펼쳐 본 것 아닌가? 우리는 가장 중요한 것을 명심해야 한다. 미국인이 읽고 듣고 말하고 쓰는 영어를 잘하기 위해선 미국인이 되어봐야 한다. 그렇게까지 할 필요 없다고? 그냥 외우거나 스파르타식 교육을 받아서 빨리 영어만 잘하면 된다고? 그 방식은 영어를 빨리 잘하게 해주는 방법이 아니다. 그냥 지금, 이 순간, 영어를 잘할 수도 있겠다는 안도감을 주는 안정제와 같은 임시방편일 뿐이다.

　본론과 본질을 파악해야 한다. 미국인이 어떻게 사고하는지 어떤 사고로 영어를 하는지를 알면 다른 건 필요 없다. 이 방법이 영어를 잘하는 가장 빠른 방법이다. 고기를 잡아 주는 대신 고기 잡는 법을 알려주는 영어 공부법을 택해야 한다. 평생 남이 잡은 고기만 받아먹을 것인가? 고기 잡는 기술을 알면 못 잡을 고기가 없지만, 남이 잡아주는 고기를 받으면 평생 주는 고기만 기다리며 그 고기만 먹어야 한다. 고기 잡는 법을 알려주기 위해 구글 영어 공부법이 있지 않은가? 사실, 다른 건 필요 없다.

2

써칭만 해도 들어오는 엄청난 Input

인풋(input)이 쌓여야 아웃풋(output)이 나온다. 하지만 나는 암기는 금물이라고 거듭 강조해오고 있다. 그렇다면 인풋은 어떻게 쌓을 수 있을까? 인풋에는 두 종류가 있다. 의미 없는 무익한 인풋과 나의 니즈(needs)가 포함된 유익한 인풋. 무익한 인풋은 쌓이는 듯하다가 그대로 증발해버리고, 유익한 인풋은 차곡차곡 쌓여 내 영어의 든든한 기반이 되고 높은 원어민력으로 이어지는 계단이 되어준다.

그럼 무익한 인풋은 무엇이고 유익한 인풋은 무엇일까? 얼마 전 세 살 난 조카가 갑자기 사라져서 사촌 언니와 함께 언니의 동네 구석구석을 살펴보며 조카를 찾아 헤맨 적이 있다. 다행히 근처 놀이터에서 조카를 발견했고 상황은 잘 마무리되었다. 며칠 후 언니 집에 놀러 가고 있는데 언니에게 전화가 왔다. 언니는 오는 길에 바게트 빵을 사오라고 말하다가 "아, 참 너 우리 동네 빵집이 어디 있는지 모르지?"라고 했다. 그런데 나도 모르게 "아니 알아. 세탁소 옆에 있지 않아?" 이 말을 한 후 나와 언니는 둘 다 놀랐다. 그리고 이내 알게 되었다. 조카를 찾아 헤매던 그날 밤, 조카를 찾기 위해 눈에 보이는 모든 곳을 눈에 꾹꾹 눌러 담아 가며 샅샅이 보고 다시 또 보곤 했었는데 그러는 동안 낯선 동네가 내 눈에 익었던 것이다. 길치 중의 길치인 내 눈에 말이다.

그렇다. 그 상황에서 언니 동네의 모든 장소는 조카를 찾아야 한다는 나의 니즈가 포함된 유익한 인풋이었다. 어디에 조카가 있을지 모르기에 스쳐 지나는 모든 곳이 후보였고 한 번씩 더 눈여겨보았다. 그중 어느 곳이 정답, 즉 조카가 있는 곳일지 모르기 때문이었다. 나에게는 조카를 찾아야 한다는 목표와 니즈가 있었기에 스쳐 지나간 모든 곳을 유심히 보게 되었고 그렇게 모든 인풋에 의미를 두고 보는 사이, 언니 동네에 있는 가게들의 위치가 깊게 각인되었다. 나의 니즈가 포함된 유익한 인풋의 예이다.

하지만 어느 날 갑자기 언니가 나에게 동네 지도를 주며 가게들의 위치를 무조건 외워 보라고 했다면 나는 몇 달이 걸려도 외우지 못했을 것이다. 동네 지도를 외워야 할 이유도 의미도 없을뿐더러 궁금하지도 않기 때문이다. 즉, 의미 없는 무익한 인풋이란 요즘 말로 '안물안궁' 인풋이다. 물어보지도 궁금하지도 않은 인풋이다.

이렇듯 인풋을 효과적으로 쌓는 법은 바로 인풋에 나의 니즈를 포함하는 것이다. 나에게 필요한 답을 찾기 위해 무언가를 보게 되면 본능적으로 스쳐 가며 보는 모든 것들을 더 유심히 보게 된다. 이 점이 중요하다. 그리고 답을 찾겠다는 목적이 있기에 지루하거나 어렵다는 느낌보다는 찾고 싶다, 답은 무엇일지 궁금하다는 느낌이 더 강해질 수밖에 없다.

구글 영어 공부법에선 검색 버튼을 누르는 순간부터 나의 니즈가 포함된 유익한 인풋이 물밀듯이 들어온다. 구글을 열고 제2장과 제3장에서 소개한 방법을 한 번이라도 사용해 본 이들이라면 바로 고개를 끄덕일 것이다. 때로는 '이 영어단어, 이 영어표현의 뜻이 무엇일까?'에 대한 대답, 때로는 '원어민들은 이 말을 영어로 뭐라고 할까?'에 대한 대답이 나의 니즈가 된다.

영어 듣기 실력을 올리는 방법은 이 책에서 다루지 않지만, 잠시만 언급하려 한다. 나는 영어를 마치 배경음악처럼 틀어 두는 것을 선호하지 않는다. 아니 반대한다. 이유는 하나다. 그렇게 영어를 흘러가듯 틀어 두면 영어를 흘려듣는 버릇이 생기기 때문이다. 흘려듣는 버릇이 생기면 중요한 순간에 집중해서 영어를 듣는 것이 쉽지 않다.

영어를 흘려듣고 대충 듣는 습관이 드는 것은 영어를 배우고자 할 때 절대 지양해야 한다. 하지만 너무나 많은 이들이 영어를 그저 의미 없이 틀어만 둔 채 들리는 영어에 주의를 기울이지 않는 오류를 범하고 있다. 그러면서 영어에 노출되는 시간이 중요하니 무엇을 하든 영어를 틀어놓기만 하면 된다고 주장한다. 하지만 그런 식으로는 영어를 100시간 들어도 무의미하다. 들리는 영어를 똑같이 따라 하든, 원하는 표현을 찾든, 들리는 영어를 늘 붙잡는 버릇이 들어야 한다.

눈으로 읽는 영어도 마찬가지다. 앞서 이야기한 무익한 인풋을 너무 많이 접하다 보면 영어는 나와 크게 상관없는 것이라는 공식이 생겨서 소 닭 보듯 영어를 무심히 보는 버릇이 생긴다. 하지만 구글 영어 공부법을 통해 영어를 접하면 모든 영어에 내가 찾는 답이 있으며 그 답이 어디 있을지 모르니 꼼꼼히 봐야 한다는 마음으로 영어를 대하게 된다. 그렇게 꾹꾹 눌러 담아가다 보면 어떤 영어를 봐도 유심히 보는 습관이 생긴다. 그리고 이 작은 습관이 가져오는 결과물은 영어를 공부하는 기간이 길어지고 내 영어 수준이 올라갈수록 더 빛을 발하게 된다.

처음부터 들리는 모든 영어를 다 알아듣고 눈으로 보는 모든 영어를 다 이해할 수는 없다. 하지만 처음부터 영어를 대하는 좋은 습관을 형성할 필요는 있다. 영어에 다시 한번 발을 들여놓으려 하는 지금, 여러분이 구글과 함께 영어를 시작해야 하는 또 하나의 이유다. 나의 니즈가 포함된 인풋을 매일 30분씩 보는 것과 관심 없는 무익한 인풋을 30분씩 보는 것은 상상할 수 없을 정도의 큰 차이를 낳는다.

통대 입시생 시절 발견한 구글 영어 공부법 하나로 정말 내 영어 실력이 그렇게 빨리 늘었던 것일까? 나 자신도 궁금한 적이 있었다. 그런데 곧 알게 되었다. 단순해 보이는 이 방법 안에 영어 실력을 높이기 위한 비법이 모두 녹아있다는 사실을 말이다.

나를 매일 꼬박꼬박 영어 환경에 노출되도록 만들어준 구글. 영어 하나를 보아도 유심히 보는 습관을 안겨준 구글. 같은 시간을 투자해도 인풋의 흡수도를 높일 수 있도록 매일 영어에 대한 흥미와 성취감을 느끼게 해 준 구글이 있었기에, 한국에서 나고 자란 국내파 미대생이 3년

만에 영어 고시란 별명이 붙은 통번역대학원 입학시험에 합격하고 통역사로 세상에 발을 디딜 수 있었던 것 아닐까?

지금까지 하라는 것, 들으라는 것, 보라는 것 다 해도 영어 실력이 늘기는커녕 영어가 점점 싫어졌던 당신, 혹시 지겨움에 몸을 꼬아가며 곧 증발해버릴 무익한 인풋만 읽거나 배경음악처럼 영어를 흘려보내는 나쁜 습관을 길러 왔던 건 아닐까? 그렇게 지겹게 수동적으로 하는 영어 공부는 이제 다 그만두자. 이제 당신이 원하는 순간에 원하는 것을 얻기 위해 당신의 니즈가 포함된 인풋을 받아들일 때다. 똑똑하게 나에게 필요한 인풋을 끌어당기기, 구글을 열면 자연히 일어나는 일이다. 이제 구글 영어 공부법을 알았으니 뒤돌아보지 말고 이대로 계속 더 멀리 걸어가라. 다시는 효과 없는 다른 영어 공부법으로 절대 돌아오지 못하도록.

3

원어민 영어 24시간 배달 가능

"여행의 쾌감은 가고 싶은 곳에 가고, 보고 싶은 것을 보고, 먹고 싶은 것을 먹고, 자고 싶은 곳에서 잔다는 데 있습니다. 공부도 마찬가지입니다. 공부하고 싶은 곳에서, 공부하고 싶은 순간에, 공부하고 싶은 만큼 공부할 수 있습니다." 김민식 저자의 『영어책 한 권 외워봤니?』(2017)에서 끄덕이며 읽은 부분이다. 그렇다. 공부도 여행처럼 하고 싶은 곳에서, 하고 싶은 순간에, 하고 싶은 만큼 할 수 있다. 어떻게? 바로 구글과 함께!

시대가 변했다. 아주 많이 변했다. 내가 대학교를 졸업할 때만 하더라도 휴대폰으로 영어 공부는커녕 인터넷도 할 수 없었다. 휴대폰과 mp3 플레이어를 따로 들고 다녔고 인터넷은 노트북으로만 할 수 있었다. 노트북도 모든 이들이 당연히 가진 아이템이 아니었다. 있다고 하더라도 너무 무거워 들고 다니는 게 아니라 지고 다니는 수준이었고. 그래서 그때는 영어를 배운다면 책으로 독학하기 혹은 영어 학원 가기를 가장 먼저 떠올렸다.

영어를 배우기 위해 영어 학원을 찾아도 나에게 맞는 수업을 골라야 하고 그중에서도 나와 시간이 맞는 수업을 골라내야 했다. 그래서 내가 듣고 싶은 수업과 내가 들을 수 있는 수업이 다른 경우가 허다했다. 그래도 어쩔 수 없었다. 그때는 학원 말고는 영어를 배울 다른 길이 없었으니까.

대학교를 졸업한 후, 들어간 첫 직장은 중소기업이었다. 유럽과 미국에서 가구를 수입하는 회사였는데 출장도 자주 다닐 수 있고 영어를 쓸 기회도 많다고 하여 인턴으로 있던 잡지사를 박차고 나와 선택했었다. 그리고 얼마 지나지 않아 나는 후회하기 시작했다. 내 업무는 예고 없이 계속 바뀌었고 1년이라는 기간 동안 내 업무는 이리저리 5번 넘게 바뀌었다. 그렇게 흘러 흘러 마지막에는 가구의 '가'자도 모르는 내가 가구 판매직을 맡게 되었다.

내가 꿈꿨던 업무와 거리가 멀어도 너무 멀었다. 어학연수에서 돌아온 지 얼마 되지 않은 나는 영어를 많이 활용할 수 있는 자리이길 바랐는데, 한 달에 몇 번 외국 브로슈어를 한국어로 번역하는 일 빼고는 영어와 관련된 일도 거의 없었다. 세상 물정 모르는 죄로 속았다 싶었지만 어쩔 수 없었다. 그 직장에 대한 기대를 버렸다. 그리고 '1년만 채우고 그만둔다. 대신 그 기간에 영어 공부를 열심히 하겠노라.' 마음먹었다.

그 후, 나에게 맞는 수업을 듣기 위해 영어 학원을 찾아다니기 시작했다. 마침내 마음에 꼭 드는 수업을 찾았지만, 시간이 너무 타이트했다. 저녁 7시 20분 수업이었는데 칼퇴근을 하고 가도 간신히 도착했기에 매일 퇴근 후에는 숨이 턱까지 차오를 정도로 뛰어야만 했다. 그래도 영어 수업을 들을 수 있다는 것이 너무 좋아서 매일 퇴근 시간만 기다렸다.

퇴근 시간이 다가오면 마치 출발 신호를 기다리는 마라토너처럼 긴장되는 마음을 동동 구르며 마음속으로 신발 끈을 단단히 여몄다. 그렇게 매일 영어 수업을 기다리는 것이 행복하기도 했지만, 한편으로는 빡빡한 일정이 버겁기도 했다. 버스를 놓치기라도 한 날에는 떠나간 버스를 허무하게 바라보며 시간에 구애받지 않고 영어 공부를 마음껏 할 수 있다면 얼마나 좋을까 한숨 섞인 바람을 쏟아내곤 했었다.

시간이 흘러 그 바람은 기적처럼 이루어졌다. 구글과 함께라면 언제 어디서든 영어 공부를 마음껏 할 수 있다. 퇴근 시간이 다가와도 야근이 생긴다 해도 초조하지 않다. 구글 영어에는 정해진 수업 시간이 없다. 퇴근 후 느긋하게 구글을 열어도 누구 하나 지각이라며 채근하지 않고 늦는 만큼 덜 배우는 일도 없다. 내 시간이 가능할 때 스마트폰만 열면 모든 수업 준비는 끝난다. 내 시간에 맞게 시작하고 끝내면 되는 것이다.

우리는 궁금한 표현이 생기면 스마트폰을 열어 1초 만에 구글 검색을 할 수 있다. 1초, 나는 이 1초의 매력에 집중해보고 싶다. 1초는 왜 중요한 것일까? 무엇이든 하고 싶을 때 1초 안에 바로 해야 하기 때문이다. 궁금한 것이 생겨서 답을 찾고 싶을 때 최대한 빨리 실행해 옮겨야 불탄 의욕이 식지 않는다. 준비 시간이 길어지면 어쩔 수 없이 의욕은 줄어든다. 소설책을 생각해보라. 궁금한 마음을 한가득 안고 읽기 시작했는데 서론이 너무 길면 지루해지고 집중력이 떨어진다.

무언가를 할 때, 초반 열정이 가장 뜨거운 열정이자 이때가 절대 놓쳐서는 안 될 골든 타임이다. 영어 공부는 늘 작심삼일로 끝나고 만다는 이들에게 사람들은 삼 일마다 마음을 새롭게 작심하면 된다는 말로 위로를 하곤 한다. 그런데 나는 이렇게 말하고 싶다. 작심한 그 순간 1초 안에 구글을 열어 10분만 구글을 활용하면 삼 일이나 작심하지 않아도 된다고.

하지만 안타깝게도, 영어를 잘하고 싶어 하는 많은 이들이 이 골든 타임을 놓치고 있다. 영어 학원을 생각해보자. 대부분의 경우 실제 수업 시간과 학원까지 오가는 시간이 비슷한 경우가 많다. 학원에 가기 위해 몸과 마음을 일으켜 어렵게 도착한 학원의 엘리베이터 앞에도, 수업 전 가는 화장실에도 사람이 많다. 커피 한 잔을 사려 해도 한참이 걸린다. 그래서 영어 학원에 도착하면 수업도 시작하기 전에 이미 열정의 반 이상을 피곤함으로 소진한다.

이런 피곤함을 줄이고자 택하는 온라인 강의도 마찬가지다. 온라인 강의를 듣기 위해 인터넷을 켜고 사이트에 들어가서 로그인을 하고 마이 페이지로 들어간다. 동영상 강의 중간중간 광고가 뜨기도 한다. 이때 이미 열정의 골든 타임은 지나간다. 광고가 뜨는 순간, 우리 마음속의

게으름이 모습을 드러낸다. 잠깐 쌈이 났으니 딴짓을 하고픈 욕구가 생긴다. 광고 지나갈 때까지 만이라도 잠깐 SNS를 열어 볼까 싶고, 동영상 재생에 버퍼링 생기면 친구 문자에 답이나 할까 하는 생각이 든다. 이렇게 골든 타임을 놓치면 그 후로는 옆으로 샐 확률이 1초에 몇 배씩 올라간다.

하지만 구글 영어는 다르다. 영어로 뭐라고 할까 궁금한 순간이 생기면 스마트폰을 열고, 회사에서 영어로 업무용 이메일을 쓰다가 궁금하면 PC에서 구글 사이트에 접속하고, 자려고 누워 뒤척이다가도 불현듯 궁금한 말이 생각나면 구글만 열면 된다.

일부는 이런 우려를 할 수도 있다. "그런데 스마트폰으로 구글을 사용하면 전화가 오거나 문자가 오면 흐름이 끊기지 않을까요?" 흐름이 끊길 수는 있겠지만 답을 찾겠다는 궁금함이 남아있는 상태이기에 바로 다시 흐름을 이어갈 수 있다. 궁금증이 없는 상태에서 서론이 길어져서 열정이 식는 것과는 차이가 있다.

구글 영어 공부법에서 서론은 우리 머릿속에서 일어난다. "영어로 뭐라고 할까?" "내가 사용한 이 표현은 콩글리시일까?" 등 궁금증이 일어나는 순간이 서론에 해당한다. 그리고 그 서론이 우리를 본론으로 이끈다. 그 과정에 방해물은 없다. 궁금증이 일면 바로 구글을 열어 본론으로 진입할 수 있기 때문이다. 언제 어디서든 말이다.

『새로운 언어를 배워야 하는 4가지 이유(4 reasons to learn a new language)』란 TED 강연에서 새로운 언어를 배우는 이유와 즐거움에 관해 이야기한 존 맥워터 (John McWhorter)는 우리가 외국어를 독학하기 가장 쉬운 시대에 살고 있다며 이렇게 이야기한다. "우리는 마음만 먹으면 지금 이 자리에서 바로 언어 공부를 할 수 있죠. 그래서 우리는 언어 공부를 더 많이 그리고 더 잘할 수 있습니다." 나는 여기에 한 마디 더 덧붙이고 싶다. "그리고 구글이 있기에 우리는 영어를 더 빨리 그리고 더 잘할 수 있지요."

4

영어에 더는 주눅 들지 않는다

자기가 이루어낸 것만큼 확실한 동기부여는 없다. 자신이 무언가를 실행에 옮기고 '해냈다'는 느낌을 갖는 것만큼 의욕을 유발하는 일은 없다. 한번 해내면 그 중독성에서 쉽게 헤어나지 못하게 된다. 이는 '선 동기부여-후 실천'과 정반대 순서의 전략으로, 별것 아닌 것 같지만 효과는 강력하다. 약간의 노력을 기울여서 해낼 수 있는 것이면 다 좋다. 사소한 시작이 중요한 이유는 작은 피드백을 쉽게 얻을 수 있기 때문이다. 그 과정에서 미묘한 감정의 변화가 시작되고 점차 위대한 변화를 몰고 온다. 이것이 바로 '작은 성공 경험'의 힘이다(『나는 고작 한번 해봤을 뿐이다』(2016).

나는 작은 성공 경험의 힘을 맹신한다. 내가 영어에 푹 빠지게 된 것도 내가 해냈다는 기분, 즉 내 안에 영어가 스며들고 있고 영어 실력이 늘고 있다는 기분을 자주 느끼기 시작하면서부터였다. 지난 4년간 몸담

왔던 회사에는 공대 출신 엔지니어분들이 많았다. 그들에게 영어 공부가 어려운 이유는 바로 답이 없다는 느낌 때문이라고 했다. 수학 문제는 푸는 과정이 아무리 어려워도 답이 있기에 나아갈 수 있고 또 답을 내 손으로 찾아내는 짜릿함도 있는데 영어는 당최 답이 없는 느낌이라고 했다. 어디서부터 시작해야 하는지, 시작한다 해도 나에게 필요한 부분이 어딘지, 내가 지금 얼마큼 늘었는지를 알 수 없으니 그저 '내 영역 밖의 일이구나'라는 생각뿐이라고 했다. 많은 이들이 영어를 중간에 포기하는 이유 중 하나도 바로 여기에 있다. 위의 김민태 작가가 강조했듯 '해냈다'라는 느낌을 주는 '작은 성공 경험'의 힘이 없기 때문이다.

지금까지 우리가 택해 온 영어 공부법들은 하나같이 내 손으로 이루어 낸 것이 아닌 수동적인 방법이었다. 그렇다. 내 손 밖의 영역이라고 생각하면 하고자 하는 욕구가 일지 않는다. 내가 감당할 수 있고 손을 조금만 더 뻗으면 닿을 수 있다는 느낌이 우리의 욕구를 자극한다. 그렇다면 그 느낌은 어떻게 가질 수 있을까? 바로 내가 해냈다는 작은 성공의 경험을 통해 느낄 수 있다. 그렇다면 영어에서 작은 성공을 어떻게 경험할 수 있을까? 정답은 하나다. 구글 영어를 만나는 것이다.

답이 없어 어렵게 느껴지는 언어 공부. 언어에는 정답이 없다지만 구글 영어에는 정답이 있다. 구글 영어는 '이 말이 콩글리시일까? 이건 무슨 뜻일까? 이 말은 영어로 뭐라고 해야 할까?' 등등 나에게서 나오는 궁금증에서 출발한다. 그리고 궁금증에 대한 정답을 처음부터 끝까지 내 손으로 찾는다.

이번 장에서 소개할 방법이야말로 '작은 성공 경험'의 최고봉이다. 키워드를 조합해서 검색하는 것에서 출발하여 이미지를 클릭해 가며 내가 하고 싶은 말을 영어로 찾아가는 과정에서 매 순간 작은 성공을 경험하게 된다. 다소 생소한 방법이기에 시작이 쉽지 않을 수는 있다. 하지만 직접 몇 번만 해보다 보면 감이 잡힐 것이다. 이 방법은 반드시 직접 시도해보기 바란다. 전혀 감이 오지 않던 말 혹은 지극히 한국적인 말을 내 손으로 직접 영어로 찾는 경험은 해보지 않은 사람은 절대 알 수 없는 짜릿함을 가져다준다.

하지만 만일 모르는 표현을 사전에서 바로 찾았다면? 또는 영어로 뭐라고 해야 할지 모르는 말을 외국인 친구 혹은 교포 친구에게 물어봐 답을 들었다면? 이 경우는 내가 이룬 작은 성공의 경험이 들어있지 않다. 이렇게 계속 수동적으로 정답을 받아보면 우리 안에는 '아, 영어는 내가 아니라 남에게 답을 받아서 보고 외우는 행위구나.'라는 인식이 자리 잡게 된다.

남에게 물어서 빨리 답을 얻는 것보다 더 중요한 건 바로 영어를 배워가는 과정에서 끝없이 작은 성공을 느끼는 것이다. 우리는 구글 검색을 한 번 할 때마다 '내가 해냈다'라는 작은 성공 경험을 하게 된다. 그리고 매일 느끼는 이 작은 성취감의 힘은 실로 어마어마해서 다음날에도 그다음날에도 모르는 말이 있으면 다시 찾아보게 된다.

이 과정이 우리가 꾸준히 영어를 배울 수 있도록 만들어 준다. 또, 자신감을 불어넣어 준다. 구글 영어를 만나면 '영어는 아무리 해도 늘지 않는 분야'에서 '마음만 먹으면 알아낼 수 있는 분야'로 바뀐다. 다른 이의 도움 없이 내 손으로 내가 알고 싶은 영어를 알아가는 행위는 이전과는 완전히 다른 자유와 자신감을 선사해 준다. 그리고 머지않아 이 맛에 중독되어 헤어 나오지 못할 것이다.

구글 영어를 만나면 또 하나의 고질적인 영어 공부의 늪에서 빠져나올 수 있다. 바로 영어에 있어서 철저히 '을'이 되고 마는 늪이다. 모든 관계에는 주도권이 있게 마련이다. 어떤 관계든 흔히 말하는 갑과 을이 생긴다. 이는 비단 인간관계에만 해당하는 것이 아니다. 나와 영어도 하나의 관계다. 즉, 나와 영어 사이에도 누가 주도권을 갖고 있느냐에 따라 갑과 을이 형성된다는 소리다.

주도권을 잃은 을의 특징이 뭔지 아는가? 주도권 상실의 버릇이라고 하는데 겸손, 소심함, 겁먹기, 맹목적 복종, 불안, 과민반응이다. 혹시 지금까지 영어에 대한 감정이 이러하지는 않았는가?

"나는 영어를 못해."라고 겸손하게 굴고, 영어를 해야 하는 순간 소심하게 겁먹고, 유명한 영어 공부법에 맹목적으로 복종하면서도 이 방법이 맞는지, 내 실력이 늘고 있는지 끝없이 불안해하고… 돌아보면 우리가 지금껏 영어를 공부함에 있어 알게 모르게 한 많은 행동이 모두 주도권을 잃은 을의 행동이었다. 그래서 우리는 '영어' 하면 불편하고 피하고 싶고 내 손 밖의 영역이며 절대 이길 수 없다고 생각했던 것이다. 그렇다면 영어와의 관계에서 주도권을 가져오기 위해서는 무엇을 해야 할까?

답은 하나다. 구글 영어 공부법을 활용하면 된다. 내가 제시하는 구글 영어 공부법에 주도권 회복의 주요 방법이 모두 들어있다. '을'에게 주도권 상실의 버릇이 있듯이 '갑'에겐 주도권을 가진 이들이 하는 행동이 있다. 그 행동이 무엇인지, 구글을 활용하면 실제로 갑이 하는 행동을 우리가 정말 할 수 있는지 하나하나 살펴보겠다.

* 내 스케줄대로 움직인다: 앞서 구글 영어 공부법의 장점 중 하나가 시간과 장소에 구애받지 않고 내가 원하는 시간에 언제든 이 방법을 활용할 수 있는 것이라 이야기했다. 구글과 함께라면 내 스케줄에 따라 영어를 배울 수 있다.
* 내 만족을 우선시한다: 우리는 궁금증을 갖고 구글을 연다. 목표는 그 궁금증에 대한 답을 찾는 것이다. 즉, 내가 원하는 표현을 찾는다는 나의 만족을 위해 영어를 찾게 된다.
* 원하지 않는 상황에서는 침묵한다: 침묵의 힘은 주도권에서 매우 중요하다. 우리는 구글을 원할 때만 연다. 내가 원하든 원하지 않든 무조건 영어를 쫓아다니지 않는다. 내가 원할 때만 구글을 통해 영어를 접하는 습관이 영어와의 관계에 있어서 나에게 주도권이 있다고 느끼게 한다.

지금, 이 순간부터 구글 영어를 통해 매 순간 작은 성공을 경험하자. 작은 성공의 경험은 우리에게 자신감과 영어를 지속해서 할 수 있는 힘을 가져다준다. 더는 영어에 주눅 들지 말자. 우리보다 영어가 큰 존재라서 혹은 우리가 영어를 이기지 못해서 지금까지 주눅 들어 있었던 것이 아니다. 우리가 알고 있었던 모든 영어 공부법이 우리를 '을'로 만들었기 때문이다. 하지만 구글을 여는 순간, 바로 주도권을 가져올 수 있다. 우리를 겁먹게 했던 영어는 그때부터 우리의 스케줄에 맞추어 우리가 원할 때 우리가 원하는 것을 얻기 위해 찾는 존재가 된다.

구글 영어와 함께라면, 영어에 더는 끌려다니지 않는다. 주도권을 꽉 잡은 채로 재미있다는 마음으로 그리고 도도하게 영어를 대하자. 그리고 다시 한번 강조하지만 도도하고 재미있게 영어를 배우는 길은 단하나, 구글 영어다.

5

드디어 영어의 한계를 뛰어넘다

신기하다. 구글로 찾아본 표현들은 한 달 전, 심지어 일 년 전에 찾아봤어도 모두 생생하게 기억난다. 암기한 적도 없는데 어떻게 일 년 전에 한 번 찾아본 표현을 기억하고 있는 것일까?

첫째, 이미지로 느꼈기 때문이다.

구글 영어 공부법에서 이미지는 나침반 역할을 한다. 모르는 영어 표현의 뜻을 찾아볼 때도, 하고 싶은 말을 찾아볼 때도 이미지는 정답을 찾아갈 수 있도록 인도하는 가장 중요한 역할을 한다. 하나의 표현을 찾아가는 동안 우리는 최소 20개에서 100개가 넘는 이미지를 본다. 다시 말하면 한 표현을 쓰는 수십 가지의 상황이 몇 분 안에 우리도 모르는 새에 각인된다. 그래서 하나의 표현에 대한 이미지와 느낌이 우리에게 잔상으로 강하게 남는다.

우리는 지금까지 단어나 표현을 암기할 때 글로 쓰인 단어를 글로 외웠다. 즉, 사과 = apple이라 쓰인 것을 보고 외운 것이다. 언젠가부터 이렇게 무턱대고 암기하는 방식에 대해 회의적인 목소리가 높아졌고, 이미지를 활용한 영어 학습법이 우후죽순 생겨났다. 하지만 지금까지 우리가 봐온 이미지 학습은 아래와 같은 형상이다.

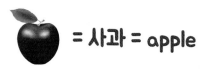

이미지가 주어져 있으면 그 옆에 한국어, 그 옆에 영어가 있다. 이미지가 있다지만 결국 또 한국어와 영어를 세트로 묶어 버리는 것이다. 그래서 사과를 보고 영어로 무엇인지 떠올리려 할 때마다 어쩔 수 없이 '아, 이 사진은 사과고 사과는 apple이지. 그러니까 이 사진은 apple이야.' 라고 한국어 징검다리를 건너게 된다.

우리는 사과는 apple이라고 외우지 않으면 apple이란 단어를 머리에 잡아두지 못한다. 그래서 무언가를 보고 영어로 말하려 할 때 바로 영어가 떠오르지 않고 한국어가 떠올라 우리를 방해하는 것이다. 모국어인 한국어가 떠오르면 우리는 본능적으로 한국어에 얽매이고 만다. 그렇게 되면 콩글리시에 가까운 기계 번역을 하게 된다. 하지만 사과와 apple을 꼭 세트로 외우지 않아도 된다. 아니 그렇게 외우면 안 된다. 이미지, 한국어, 영어의 관계는 아래처럼 되어야 한다.

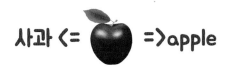

사과 <= 🍎 =>apple

구글 영어 공부법이 추구하는 모습이다. 이미지의 양쪽에 한국어와 영어가 양팔처럼 독자적으로 자리잡고 있다. 이미지를 바로 영어로 받아들이기 때문에 무언가를 보고 영어 표현을 떠올릴 때 한국어 징검다리를 건널 필요가 없다. 사과를 보고 "사과네."라고 말하지만 "It is an apple."이라고 말할 수도 있다. '이건 사과고 사과는 apple이야.'라는 흐름이 아니다. 구글 영어에서는 사과=apple이라고 단어 시험 보듯 외우지 않아도 사과의 이미지가 주는 잔상과 그 이미지 옆에 쓰인 apple이란 영어가 자연스럽게 하나로 묶여서 자리 잡는다.

둘째, 찾는 과정에서 계속 되뇌기 때문이다.

구글을 활용해서 내가 궁금한 표현을 찾아가는 동안 우리의 머릿속에는 물음표와 느낌표가 번갈아 가며 나타난다. '이 이미지가 내가 찾는 표현과 비슷한데? 이 옆에 쓰인 표현이 내가 찾는 표현이 아닐까?'라는 물음표를 거쳐 '역시 이 표현이 맞았어!' 혹은 '아니네! 왜 아니지? 아! 콩글리시를 키워드에 넣었구나!' 이런 식으로 끝없이 물음표와 느낌표가 고리처럼 이어진다.

같은 표현이라도 정적인 상태에서 받아들인 표현은 큰 각인효과가 없다. 하지만 물음표와 느낌표가 번갈아 가며 우리의 뇌를 최대한 활성화한 상태에서 다가온 표현은 더 깊고 영향력 있게 각인되기 마련이다.

셋째, 애정이 생기기 때문이다.

애정만큼 강력한 힘을 가진 감정이 또 있을까? 내가 원해서 나의 시간과 노력을 들여 직접 찾은 표현에는 애정이 담기게 된다. 이런 표현까지는 거창할지 모르나 나는 내가 찾은 표현 하나하나에 추억이 깃들어 있다고 느낀다. 과정 하나하나에 내 생각, 상상력, 꼭 찾고자 하는 간절함이 실리기 때문이다. 구글 검색으로 표현을 한 번만 찾아봐도 이 감정을 이해할 것이다. 혹은 나의 유튜브 채널에서 내가 구글로 원하는 표현을 찾아가는 과정을 봤다면 아마 이해할 수 있을 것이다. "영어로 뭐지?"라고 궁금해하는 순간, 관심 어린 자발성이 생겨나고 스스로 답을 찾아가는 과정에서 추억과 애정이 쌓인다.

넷째, 찾은 표현을 쓸 만한 환경에 자주 노출되기 때문이다.

앞서 내가 암기 하지 않기로 결정한 이유 중 하나가 그 표현을 실제로 써먹을 만한 상황이 나타나지 않기 때문이라 했었다. 하지만 구글 검색은 나의 궁금증에서 출발한다. 문득 영어로 뭐라고 할지 궁금한 표현, 외국인과 이야기하다가 혹은 영어로 메일을 쓰다가 궁금해진 표현 등 내가 궁금한 표현에서 출발한다. 나와 연관이 없는 상황에서 쓰인 표현보다 내가 한 번이라도 처했던 상황에서 궁금했던 표현이 나와 다시 마주칠 확률이 훨씬 높다. 처음 구글 영어를 접하는 이들에게 내가 매일 지나는 곳, 매일 하는 행동, 매일 보는 사람과 관련된 표현을 찾아볼 것을 권하는 이유 중 하나이기도 하다.

PART
03

나만의
구글 영어 공부법

1장

구글 영어 200% 활용을 위한
나만의 서칭 방법

①

구글력이 곧 회화능력이다

　지금까지 우리가 영어 공부를 하기 위해 왜 구글을 활용해야 하는지, 또 구글을 언제 어떻게 활용할 수 있는지 알아보았다. 이제 우리는 구글 영어 공부법의 화룡점정을 남겨 두고 있다. 제3장에서 앞으로 소개할 구글 영어 공부법은 영어를 잘하고 싶은 이들에게 가장 필요한 팁이지만, 지금까지 누구도 알려주지 않은 방법이다.

　우리는 지금까지 영어 문장을 만들다가 막히는 부분이 나오면 영어 단어를 모르기 때문이라고 생각했다. 예를 들어, '전선의 피복이 벗겨졌다.'를 영어로 말해보라 하면, 10명 중 9명은 '피복'이라는 단어를 모르기 때문에 이 문장을 말하지 못한다고 생각할 것이다. 그래서 피복이란 단어를 사전에서 찾아본 후, 그 영어 단어를 활용하려고 할 것이다. 좋다. 사전을 찾아볼까? '(전선 등의) 피복'을 'sheath'라 한단다. 난생처음 들어보는 단어다. 발음도 어려울 것 같이 생겼다. 자, 어찌 되었든 피복이 sheath라고 하니 이제 '피복이 벗겨졌다.'를 영어로 말해볼까? 그런데 벗겨졌다는 뭐라고 해야 할까? 단어를 찾아서 해결하는 방식은 이렇게 꼬리에 꼬리를 물고 우리를 답답하게 한다. 그래서 결국, '영어는 어렵다.'고 생각해 백기 들고 포기해 버리는 것이다.

이제 나는 여러분의 손에 백기 대신 강력한 무기 하나를 쥐여주려 한다. 간단히 말해, 피복이라는 단어를 몰라도 '전선의 피복이 벗겨졌다.'를 영어로 말할 수 있는 법을 알려주려 한다. 그것도 미국인 10명 중 8명이 쓰는 표현으로 말이다. 이번 장을 다 읽고 나면 여러분은 영어로 말하기에 대해 완전히 다른 개념을 가진 사람이 될 것이다. 더는 단어를 몰라서 영어를 하지 못하는 것이 아니라는 것을 확실히 알게 될 것이다.

앞서 말했듯 원어민들이 쓰는 표현, 그들이 갸우뚱하지 않고 바로 알 아들을 수 있는 영어가 원어민력 높은 영어다. 영어로 의사소통을 잘하기 위해서는 원어민력 높은 영어를 쓰는 것이 가장 중요하다. 원어민력 높은 영어를 가장 빠르고 확실하게 내 것으로 만들 수 있는 단 하나의 방법은 바로 구글을 활용하여 말하고자 하는 표현을 원어민들이 영어로 어떻게 쓰고 있는지 알아내는 것이다. 그리고 찾아낸 원어민 영어와 내 영어의 차이를 느끼고 그 차이를 좁혀가야 한다. 그 과정에서 콩글리시와 딱딱한 영어에서 벗어나 원어민력 높은 영어에 가까워질 수 있다.

하지만 너무 많은 이들이 이 과정을 생략한다. 원어민력이 낮은 상태에서 아무런 안전장치도 없이 영어로 말하거나 쓰는 훈련을 한다. 그러나 그 방식으로는 영어 실력이 늘지 않는다. 콩글리시 혹은 어색하고 딱딱한 영어가 굳어질 뿐이다. 원어민력이 낮은 상태에서 무작정 연습만 한다고 원어민들이 쓰는 영어표현에 가까워질 수는 없다. 아니, 불가능하다. 이유가 무엇일까? 이유를 설명하기 위해 앞선 제1장의 6번째 절, 〈외우지도 않은 말이 입에서 나오는 쾌감을 경험하라〉에서 소개한 1~3단계를 다시 한번 살펴보겠다.

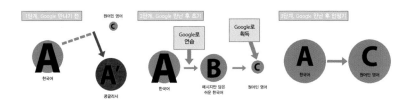

국내파의 영어는 모두 1단계에서 시작한다. 1단계에서 벗어나 2단계를 거쳐 3단계에 도달하는 것이 우리의 최종 목표다. 보이는 것처럼 1단계에서 우리가 원어민 영어로 바로 가지 못하는 이유는 원어민 영어로 접근할 수 있는 연결 통로가 없기 때문이다. 또 우리 머릿속에 원어민 영어가 차지하고 있는 비중이 한국어에 비해 턱없이 부족하기 때문이다. 1단계의 영어는 문법을 설명하기 위해 끼워 맞춰 만든 예시문들과 딱딱한 자료를 통해 얼기설기 쌓은 영어, 그리고 한국식 사고로 이해한 영어가 합쳐져 있는 상태다.

이 상태에서 영어로 말하기 연습을 계속하면 어떻게 될까? 다람쥐 쳇바퀴 돌듯 현재 원어민력의 수준에서 돌고 돌 수밖에 없다. 그래서 이

때 우리가 택하는 방법은 모르는 단어를 사전에서 찾아 내가 아는 영어의 틀 안에서 그 단어를 사용하여 영어 문장을 만들어내는 것뿐이다. 이 연습을 반복하다 보면 계속해서 한국식으로 영어를 하게 된다. 원어민 영어로의 접근은 전혀 이루어지지 않고, 콩글리시 혹은 다소 어색하고 딱딱한 영어만을 구사하게 된다. 1단계를 벗어나지 못한 채 현재 수준에서 머물게 되는 것이다. 다음의 예를 보자.

1) A. 당신은 회사원입니까?

   B. 회사 다니세요?

2) A. 당신의 직업은 무엇입니까?

   B. 무슨 일 하세요?

3) A. 이 옷의 허리 사이즈가 저에게 맞지 않습니다. 더 큰 사이즈가 매장에 있습니까?

   B. 허리 쪽이 너무 꽉 끼는데, 하나 큰 거 있어요?

4) A. 당신은 커피에 크림을 올리기 원하십니까?

   B. 위에 크림 올라가는데 괜찮으세요?

5) A. 당신은 커피 3잔을 포장해서 가실 예정입니까?

   B. 가져가시나요?

한국어 원어민인 우리가 쓰는 문장은 A와 B 중에 어느 것에 더 가까운가? B다. A는 외국인을 위한 한국어 교재의 예문을 가져온 것이며 B

는 이를 한국어 원어민력 높은 문장으로 내가 수정한 것이다. 우리는 A가 틀린 문장이라 쓰지 않는 것이 아니다. A 문장을 쓴다고 뜻이 통하지 않는 것도 아니다. 단지 우리는 B를 더 자연스럽다고 느낄 뿐이다. 왜? 우리가 A보다는 B 문장을 더 많이 쓰기 때문이다. B 문장이 A 문장보다 한국어 원어민력이 높다는 뜻이다.

재미있는 건 A보다 B에 비문, 즉 문법적으로 틀린 문장이 더 많다는 것이다. 더 재미있는 건 그럼에도 한국인은 B를 더 많이 쓴다는 것이다. 그리고 우리는 외국인이 문법적으로 완벽한 A 문장을 쓸 때보다 B 문장을 쓸 때 '오, 이 사람 한국어 잘하는데?'라고 생각한다. 이렇게 원어민 입장에서는 본인들이 더 자주 쓰는 형태의 문장, 즉, 원어민력이 높은 문장을 쓰는 사람이 그 언어를 잘한다고 생각한다. 더 자연스럽고 익숙하기 때문이다. 그리고 B 문장을 쓰는 외국인과의 대화가 더 수월하고 편하게 흘러간다.

1단계가 바로 A 문장이 가득한 상태다. 이 상태에서 무엇이 가장 시급해 보이는가? 그렇다. 원어민력 높은 B 문장에 더 많이 더 자주 노출되어야 한다. 그렇지 않고 계속 A 문장에 갇혀 있으면 1단계에 머물러 있게 된다. 물론 1단계에 머물러있다고 의사소통을 하지 못하는 건 절대 아니다. 원어민력은 선택 사항이며 강요하고 싶은 마음은 없다. 그런데 이 이야기는 해보고 싶다. 어차피 영어 공부를 위해 무언가를 하고 있다면, 지금까지 해온 방법이 효과가 없었다면, 혹은 내가 하는 이야기에 한 번이라도 가슴 깊이 끄덕였다면, 시도는 해볼 수 있지 않을까?

문법력 높은 어색한 문장을 쓸 것인지, 원어민력 높은 문장을 쓸 것인지는 여러분의 선택이다. "당신은 회사원입니까?" 대신 "회사 다니세요?"라는 말을 할 것인지? 조금 더 자세히 설명하자면, 원어민 입장에서 봤을 때 '틀린 문장은 아니나 조금은 부자연스러운 문장'을 유지하며 1단계에 머무를지, '자연스러운 문장'을 쓰는 3단계 쪽으로 나아갈지 여러분이 결정하면 된다. 하나 덧붙이면, 말하기가 A 문장에 머물러있으면 듣기도 A 문장, 즉 1단계에 머무를 수밖에 없다.

원어민력 높은 영어를 택하고 싶다면 어떻게 해야 할까? 이 말은 영어로 뭐라고 해야 할까? 궁금할 때 원어민 영어의 바다로 뛰어들어서 그 바다에서 답을 찾는다면 무엇을 건져도 원어민력 높은 문장 아닐까? 원어민 영어의 바다에 뛰어들어 원어민 영어를 건져내는 과정을 제3장에서 배워볼 것이다. 나와 함께 구글을 열어 원어민력 높은 영어를 획득하고, 원어민식으로 생각하는 훈련을 할 것이다. 말만 들으면 그게 가능할까 싶을 것이다. 혹독한 훈련을 해야 하는 거 아닐지 우려도 들 것이다. 하지만 내가 초반에 이야기했듯 지금 우리에게 가장 필요한 것은 어렵고 지겹고 힘든 영어 학습법이 아니다. 영어에 재미를 느끼면서 핵심을 얻어내야 한다. 제3장에서 내가 제시하는 다섯 단계는 전혀 어렵지 않다. 우리를 원어민 영어로 데려다줄 다섯 계단이다. 자, 이제 구글을 열고 내가 제시하는 마법의 다섯 계단을 건너 원어민 영어를 향해 떠나보자.

②

구글 검색, 통역사도 이렇게 시작한다

　자, 드디어 가장 빠르고 가장 정확하게 원어민 영어로 가는 길목에 들어섰다. 이제 우리는 언제든 영어로 하고 싶은 말이 생기면 이 방법을 택하면 된다. 앞서 '전선의 피복이 벗겨지다.'라는 문장을 예로 들어서 우리는 모르는 단어를 찾아서 현재 우리 수준 안에서만 해결하려 하니 영어에 백기를 들고 만다는 이야기를 했다. 이는 '한국어를 영어로 바꾼다.'라는 잘못된 콘셉트가 자리하고 있기 때문에 펼쳐지는 잘못된 선로다. 우리는 이제 한국어를 영어로 바꾸지 않을 것이다. 말하고자 하는 장면을 영어로 설명할 것이다. 아마 어떤 차이가 있는지 지금은 감이 잘 오지 않을 것이다. 하지만 제3장을 통해 원하는 영어표현을 찾아가는 마법의 5단계에 대한 설명을 듣고 나면 '아하!'하는 순간이 올 것이다. 그리고 자연스럽게 '영어는 이렇게 접근해야 하는구나.'라는 감이 생길 것이다. 그럼 원어민력 높은 영어로 가는 마법의 5단계를 하나하나 알아보자.

내가 지금 당장 하고 싶은 이 말, 원어민은 뭐라고 말할까?

무슨 말을 찾고 싶은가? 가장 중요한 두 가지를 준비하자. "내가 지금 당장 하고 싶은 이 말, 원어민은 뭐라고 말할까?"라는 궁금증, 그리고 구글이다. 우리는 주로 다음 3가지 순간에 "이 말, 원어민은 뭐라고 말할까?"라는 궁금증이 생긴다.

- 이메일, 보고서, 과제 등을 영어로 작성하다가 막히는 순간: '이 부분을 영어로 뭐라고 해야 하지?'하는 답답한 순간이 생기곤 한다. 내 머리에 지금 떠오르는 영어는 답이 아닌 것 같고, 왠지 원어민들은 더 쉽게 표현할 것 같다는 생각이 들 때 구글을 열어라.

- 원어민력 낮은 영어 문장을 대신할 대체 문장을 찾고 싶은 순간: 이 방법을 활용하면 빠르고 정확하게 원어민력 높은 영어를 나 스스로 찾아낼 수 있다. 하지만 키워드를 조합하고 확인하는 데 시간이 걸리기 때문에 회의 혹은 대화 중에 사용하는 건 적절치 않다. 회의나 대화 중 스마트폰을 쳐다보고 있으면 오해의 소지도 있고 말이다. 그렇기에 실전 상황에서는 예습한다는 생각으로 내가 아는 만큼 최대한 설명하자. 예습한다는 생각이 중요하다. '지금 내가 하는 영어는 완벽하지 않지만, 이 표현은 곧 업그레이드될 거야.'라는 자신감을 갖고 질러라! 그리고 노트나 스마트폰의 메모장 혹은 카카오톡의 '나와 채팅 하기' 기능 등을 활용하여 방금 내가 사용한 확신 없는 영어표현을 반드시 적어두자. 대화가 끝난 뒤, 제2장 8절에서 다뤘던 구글로 원어민력 확인하는 법에 따

라 확인한 후, 원어민력이 낮다고 판명되면 아래 방법으로 대체 표현을 찾도록 하자.

내가 한번 치열하게 고민하고 직접 말해본 표현의 정답은 더 궁금하게 마련이다. 그렇기에 답을 찾았을 때 더 큰 울림이 온다. 내가 말해본 후 원어민이 쓰는 표현을 찾아보면 해당 표현에 대한 예습, 복습, 거기에 동기부여까지 한번에 모두 잡는 셈이다. 또 나의 영어 문장과 원어민 문장을 비교해볼 수 있기에, 내 영어 실력의 현주소를 파악하고 원어민력에 대한 감을 키우기에도 아주 좋다.

• 문득 '이 말은 영어로 뭐라고 하지?' 궁금한 순간: 내가 매일 하는 행동, 매일 지나가는 곳, 매일 보는 사람들 중에서 하나씩 골라 "이 말을 원어민은 뭐라고 말할까?"라는 질문을 끌어내라. '매일'과 관련된 질문을 하는 이유는 일단 생각해내기 쉽기 때문이다. 또 영어표현을 찾은 후에도 그 장면 혹은 그 행동을 매일 보거나 할 때마다 내가 찾은 영어표현이 떠오르기에 각인효과도 크다.

예를 들면, 매일 아침에 남자친구에게 모닝콜을 해준다면 '모닝콜을 하다.'를 오늘 영어로 찾아보는 것이다. 그 다음날은 매일 출근길, 지나가는 편의점에 붙어있는 '폭탄 세일'을 미국에서는 뭐라고 할까?를 찾아본다. 매일 모닝콜을 하기 전 혹은 편의점을 지나갈 때마다 내가 찾은 영어표현이 자연스레 떠오를 것이다. 이를 위해 내가 실제로 하고 있는 방법을 하나 알려주겠다. 현재 사용하고 있는 인스타그램 계정 외에 영어만을 위한 계정을 따로 하나 만들자. 영어 일기용으로 활용할 것이다.

비공개 계정으로 설정해서 마음껏 활용하는 것이다. 매일 일기 쓰듯이 이 계정에 '매일'과 관련된 이야기를 영어로 쓴다. 혹은, 내가 관심 있는 분야가 있다면 그 분야에 대해 영어로 내 생각을 써보기도 하고 영화를 본 날에는 그 영화에 대해, 책을 읽었다면 그 책에 대해 영어로 써보자. 또 하나 재미있게 활용할 수 있는 방법은 요즘 유행하는 브이로그(Vlog, 일상 로그)를 영어로 찍어 보는 것이다. 브이로그 영상들을 보면 "제가 즐겨 쓰는 아이라이너예요. 눈을 길게 보이게 하기 위해서는 뒷부분을 이렇게 조금 길게 빼주세요!" 등 자세하게 설명하며 영상을 촬영한다. 꼭 직접 촬영하지는 않더라도 이렇게 일상 속에서 내 상황이나 눈에 보이는 풍경 등을 영어로 중얼중얼 설명해보자. 이렇게 하다 보면 '아, 이 말은 영어로 뭐라고 하면 좋을까?'라는 부분이 나오게 마련이다. 이때, 구글을 활용하여 찾아보면 된다.

Step 2 **Play with Google!**

가장 중요한 단계다. 가장 중요하지만 익숙해지는 데 시간이 걸리고 연습도 필요하다. 그래서 5단계 설명이 끝난 뒤 중요한 팁을 공개하고 이 프로세스를 쉽게 따라 할 수 있도록 표를 만들었다. 이 표를 적극적으로 활용해서 연습해보기 바란다. 또, 뒤의 WORKBOOK에 있는 실전 연습을 통해서도 한 번 더 함께 연습할 기회가 남아있다. 그러니 지금은 큰 그림을 이해한다 생각하자.

육하원칙으로 찾고자 하는 표현을 묘사하자. 찾고 싶은 말을 정했으면 '그 표현을 쓸 수밖에 없는 상황은 무엇일까?'를 생각하자. 가장 쉬운 방법은 '누가, 언제, 어디서, 무엇을, 어떻게, 왜' 육하원칙을 활용하는 것이다. 예를 들어, 우는 아이를 '달래다'라는 표현을 찾고 싶을 때, 육하원칙에 따라 '달래다'가 어떤 상황에서 쓰는 말인지 생각해보는 것이다.

Q. '달래다'는 어떤 상황에서 쓰는 말인가?	
누가	엄마가
언제	아이가 울 때
어디서	X (장소는 크게 상관없으니 통과한다.)
무엇을	우는 아이를
어떻게	안아 준다
왜	그만 울게 하려고

이제 '달래다'를 어떤 상황에서 쓰는가를 육하원칙에 따라 생각해 보자. 위의 표현(달래다)은 아이가 울 때 엄마가 우는 아이를 그만 울게 하려고 안아주는 상황에서 쓴다. 이렇게 찾고자 하는 표현(달래다)을 사용하지 않고, 그 표현(달래다)을 사용하는 상황을 육하원칙에 따라 묘사해 보는 것이다.

찾으려는 표현을 묘사하는 데에 크게 중요하지 않아서 채워지지 않는 육하원칙 항목에는 'X' 표시를 하고 넘어가자. 또 육하원칙 중 하나가 찾고자 하는 표현일 경우도 있다. 그런 경우엔 '?' 표시를 하고 넘어가자. 예를 하나 더 들어보겠다. '입술이 트다'에서 '트다'를 같은 방식으로 생각해보자.

Q. '트다'는 어떤 상황에서 쓰는 말인가?	
누가	X
언제	겨울에
어디서	X
무엇을	입술
어떻게	? (트다 → 찾고자 하는 표현이므로 '?' 표시)
왜	건조해서

이를 모아 보면, '트다'는 '겨울철 입술이 건조해서 발생하는 상황'에 쓰는 말이다. 하나만 더 예를 들어보겠다. '적셔 먹다'라는 표현을 찾고 싶을 땐 어떻게 하면 될까? 어떤 상황에서 내가 '적셔 먹다'라는 말을 쓰는지를 생각해보니 커피에 비스킷을 넣어 적셔 먹는 상황이 떠올랐다.

Q. '적셔 먹다'는 어떤 상황에서 쓰는 말인가?	
누가	X (누가 하는지는 크게 상관없다)
언제	X
어디서	X
무엇을	커피에 비스킷을
어떻게	넣다
왜	X

즉 이 표현은 '커피에 비스킷을 넣는 상황'에서 쓰는 말이다. 이렇듯 어떤 표현이건 육하원칙에 따라 관련된 상황을 묘사할 수 있다. 모든 육하원칙 항목이 다 채워지지 않아도 된다. 오히려 2개 내지 3개만 채워질 때 더 정확한 검색 결과가 나오기도 한다.

키워드를 조합하라. 마지막에 예로 들었던 '적셔 먹다'를 같이 한번 찾아보자. 위의 육하원칙에 따른 상황 묘사에서, 없으면 '적셔 먹다'를 표현할 수 없는, 즉 가장 중요한 키워드 2~3개를 골라 키워드를 조합한다. 나는 '비스킷(biscuit)', '커피(coffee)', '넣다(put)'를 골랐다. 고른 키워드를 큰따옴표 안에 영어로 넣자. 각 키워드는 쉼표로 연결한다. 이제 구글에 "biscuit, coffee, put"의 키워드 조합을 넣어 검색할 것이다. 모든 준비가 다 끝났다. 구글에 "'비스킷, 커피, 넣다'가 들어간 표현의 결과를 보여줘!"의 명령어를 넣은 것이다.

Step 3 구글 자동완성 기능을 적극 활용하라

큰따옴표를 찍고 검색어를 넣어가는 과정에서 자동완성 기능이 추천하는 검색어들을 눈여겨보자. 그 안에 정답이 있는 경우도 많다.

Step 4 가장 광범위한 검색, 이미지

구글 영어에서 이미지는 아주 중요한 나침반 역할을 한다. 검색 버튼을 누른 후, 이미지 결과를 먼저 확인하자.

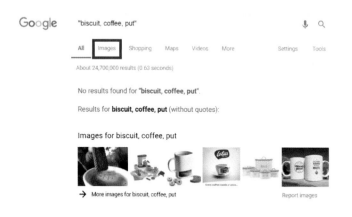

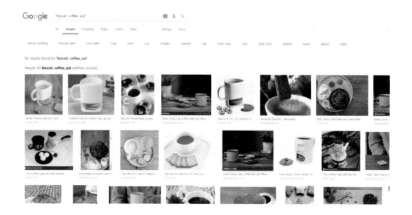

이미지 결과에 내가 찾는 표현을 보여주는 이미지가 있는가?

Yes → 옳은 방향으로 가고 있는 것이다. 계속 진행한다.

No → 돌아가서 육하원칙과 키워드를 다시 정해보자.

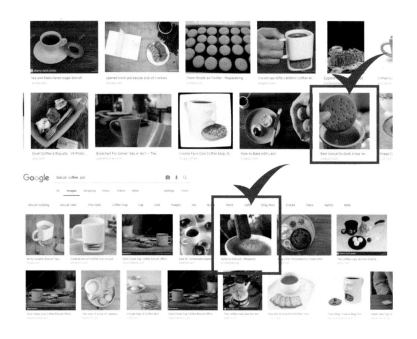

　빨간 표시를 한 부분을 보면 커피에 비스킷을 '적셔 먹는' 장면을 표현한 이미지들이 보인다. 내가 하고 싶은 말을 표현한 이미지가 있는 경우이므로 계속 진행한다.

　표현을 가장 잘 보여주는 이미지를 클릭한다. 내가 찾고자 하는 말을 가장 잘 나타낸 이미지를 클릭하여 이미지 옆에 나오는 제목을 눈여겨보자.

　　둘 다 'dunk (dunking)'란 표현이 나와 있다. 제목을 눌러 이미지가 쓰인 페이지로 이동한다.

　　제목에 내가 원하는 표현의 후보가 될 만한 표현이 있거나 내용을 더 읽어보고 싶을 때는 제목을 클릭하여 해당 페이지로 이동한다. 위의 첫 번째 이미지를 클릭해보자. 위키피디아(https://www.wikipedia.org/)

페이지로 연결되었다.

세상에, 너무나도 자세히 설명해주고 있다.

Dunking (biscuit)

From Wikipedia, the free encyclopedia

To **dunk** or to **dip** a biscuit or some other food means to submerge it into a drink, especially tea, coffee, or milk. Dunking releases more flavour from confections by dissolving the sugars,[1] while also softening their texture. Dunking can be used to melt chocolate on biscuits to create a richer flavour.

비스킷이나 음식을 차, 커피, 우유 등에 submerge(1. 잠수하다, 물속에 잠기다; 물속에 넣다 2. (생각·감정·의견 등을) 깊이 감추다, 출처: 네이버 영어사전)하는 것을 dunk a biscuit 혹은 dip a biscuit이라고한단다. 밑으로 더 내려가 보니 혹시나 했는데 역시나!의 정보가 있었다.

on board Royal Navy ships, which were so hard that the British sailors would dunk them in beer in order to soften them up.[4] The most popular biscuit to dunk in tea in the United Kingdom is McVitie's chocolate digestive.[5] In the US, Oreos are frequently dunked in milk, while the Dunkin' Donuts franchise is named for the practice of dunking doughnuts into coffee. In South Africa and in India, rusks are a popular food for dunking in both tea and coffee. In the Netherlands, stroopwaffels are commonly dunked in tea or coffee, often after having been set on above the hot drink for a few minutes to

우리가 알고 있는 〈던킨도너츠(Dunkin' Donuts)〉도 'dunking'에서 유래되었다고 한다. 도넛을 커피에 적셔 먹는 행위에서 이름을 가져왔 단다.

찾기 기능(Ctrl+F) 으로 시간을 단축하자. 검색하여 들어간 페이지 의 긴 글을 모두 읽어보려면 시간도 오래 걸리고 원하는 표현을 찾는 데에 효율성이 떨어질 수 있다. 이때 현재 페이지에서 특정 단어를 찾아 주는 '찾기' 기능(Ctrl+F)을 사용해 나의 키워드를 찾아보자. 내 키워드 주변에 내가 찾는 표현이 있을 확률이 높기 때문이다. 혹은 예상되는 정 답을 찾아봐도 좋다. (7)에서 검색한 결과 가운데 두 번째 이미지를 클 릭, 해당 사이트로 이동한 후 찾기 기능으로 키워드 중 하나인 biscuit을 검색해보았다. 브라우저에 따라 조금씩 다르지만, Ctrl+F를 눌러 활성화 되는 입력창에 단어를 입력하면, 보이는 것처럼 해당 단어를 하이라이 트 표시한다.

반복해보면 강력한 후보들이 나타난다. 여러 이미지에서 같은 표현이 반복해 나온다면 강력한 후보라 보면 된다. 여기서는 'dip a biscuit'와 'dunk a biscuit'이 후보가 되겠다.

Step 5 **따옴표에 넣어 한 번 더 확인**

내가 찾은 표현을 큰따옴표 (" ") 사이에 넣어 구글에서 검색한다. 여기서는 후보인 "dip a biscuit"과 "dunk a biscuit"을 검색해보는 것이다. 내가 찾은 표현을 검증하는 목적은 3가지다.

첫째, 내가 정확히 찾았는가? 검색 버튼을 누른 후, 이미지 결과를 본다. 나오는 이미지들이 내가 찾고자 했던 표현을 보여주는 이미지들인지 확인한다. 또 이미지들을 랜덤으로 클릭해서 이미지 제목에 내가 찾은 표현이 나오는지도 확인해보자.

["dip a biscuit"]

체크된 부분처럼 내가 찾고 있는 표현에 대한 이미지가 많이 보인다. 이미지들을 클릭하여 실제로 이 표현(dip a biscuit)이 쓰이고 있는지 보겠다.

["dunk a biscuit"]

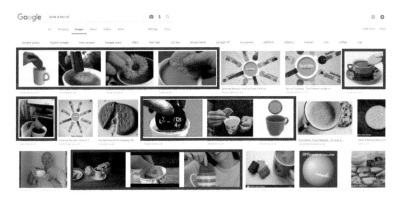

역시 생각하고 있는 이미지가 많이 나오고 있고 "dip a biscuit"과 중복되는 이미지들도 나온다.

종합적으로 보았을 때, 커피에 비스킷을 담가 적셔 먹는 행위는 dunking이라고 주로 이야기하고 '담그다, 적시다'를 동사로는 dip과 dunk를 모두 사용하는 것으로 보인다. "dunking"을 찾아보았다.

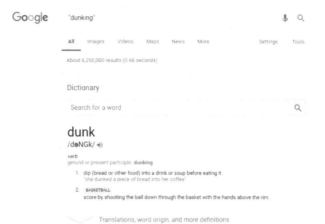

재미있는 사실은 첫 번째 뜻은 우리가 찾아보려던 '비스킷이나 음식을 담가 적셔 먹는다'이고 두 번째는 농구에서 쓰인다고 한다. 그래서 이미지 결과를 살펴보았다.

아, 덩크슛의 덩크가 여기서 나왔다는 걸 알게 되었다.

우리가 찾은 표현과 농구의 덩크슛 이미지들이 주를 이루었다.

둘째, 원어민들이 쓰고 있는 표현인가? 전체 결과를 클릭해 검색 결과 수를 보자. 원어민력이 높은 표현이더라도 자주 쓰이는 표현이 아닐 수도 있다. 이런 경우는 원어민력이 낮아서 검색 결과 수가 낮다고 할 수는 없으니 1, 2, 3번을 모두 고려하도록 하자. "dip a biscuit"과 "dunk a biscuit"을 찾아보았다. 동사로는 dip을 더 많이 쓰는 것으로 보인다.

셋째, 콩글리시는 아닌가? 첫 페이지에 한국, 중국, 유럽의 일부 국가 등 비영어권 국가의 사이트가 뜨지 않는지 확인해보자.

검증을 모두 통과하면 내 손으로 찾은 영어표현을 적어보자! 아래는 지금까지 설명한 방법을 사용할 때 가이드가 되어줄 표다. 처음에는 시행착오가 있을지라도 계속해서 순서대로 따라가며 반복하다 보면 내가 하고 싶은 말을 내 손으로 뚝딱뚝딱 찾는 나를 보게 될 것이다.

☆ **요약 정리**

Step 1   **내가 지금 당장 하고 싶은 이 말, 원어민은 뭐라고 말할까?**

(1)	
Tip	영어로 글 쓰다가 막히는 순간, 영어로 말하다가 막히는 순간, 문득 궁금한 순간 1) 이 표현은 영어로 뭐라고 해야 하지? 2) 내가 방금 한 이 영어, 원어민들은 뭐라고 할까? 3) 이 말은 원어민들이 뭐라고 할까?
찾고 싶은 말을 적어보세요	

176

Play with Google!

(2)	육하원칙에 따라 찾으려는 표현을 쓰는 상황 묘사하기
Tip	찾고자 하는 표현을 사용하지 않고 묘사하자.
적어보세요 **(한글, 영어 모두)**	그 표현으로 말할 것 같으면, 누가: 언제: 어디서: 무엇을: 어떻게: 왜: 에서 사용한다. 즉, 한 문장으로:
(3)	(2)에서 정리한 한 문장에서 가장 중요한 키워드 2~3개를 고르자.
고른 키워드를 적어보세요	(한글) (영어)
(4)	큰따옴표(" ") 안에 고른 키워드를 영어로 넣어 구글에서 검색하자.(단어 사이에 쉼표(,) 넣기)

구글 자동완성 기능을 적극 활용하라

Tip	검색어를 넣어가는 과정에서 밑에 자동완성 되는 추천 검색어들을 눈여겨보자

가장 광범위한 검색, 이미지

(5)	이미지 결과 보기
(6)	내가 찾고자 하는 표현을 보여주는 이미지들이 있는가? Yes → 7번으로 No → 2번으로 돌아가서 다른 육하원칙을 써보자.
(7)	찾는 표현에 가까운 이미지를 클릭하여 제목을 눈여겨보자.
(7-1)	필요시, 제목을 클릭하여 해당 페이지로 이동한다.
(7-2)	페이지에서 찾기 기능으로 생각해낸 키워드(혹은 예상되는 정답)를 검색 키워드를 중심으로 주변 문장들을 읽어보자. 답 혹은 단서가 될 만한 표현이 있을 확률이 높다.
(7-3)	여러 이미지로 7번을 반복하다 보면 강력한 후보가 될 만한 표현이 아! 하고 나타난다.

Step 5 **따옴표에 넣어 한 번 더 확인**

(8)	그 표현을 큰따옴표 (" ") 사이에 넣어 구글에서 검색한다.
(9)	내가 찾은 원어민 표현을 검증해보자

	(1) 이미지 결과를 클릭
	내가 찾고자 하는 표현을 보여주는 이미지들인지 확인
	(2) 전체 결과를 클릭
	검색 결과 수 확인
	(3) 첫 페이지에 한국, 중국, 유럽의 일부 국가 등 비영어권 국가의 사이트가 뜨지 않는지 확인
(10)	내 손으로 찾은 원어민 표현을 적어보자
내가 찾은 표현을 적어보세요	

(선택 사항: 찾고 싶은 각 표현에 대해 이 표를 꾸준히 기록해 두기)

이렇게 하나하나 내 손으로 찾아 나가면 된다. 처음에는 조금 답답할 수도 있다. 기댈 수 있는 정답지도 없고 이미지 확인, 표현 확인, 검증까지 나 스스로 끝없이 항해하며 찾아야 하기 때문이다. 하지만 이렇게 내 눈, 손, 머리를 부지런히 움직이며 찾은 표현은 아무도 빼앗아 갈 수 없는 나만의 표현이 된다.

나와 함께 찾아본 dunking이라는 표현이 쉽게 잊힐까? 장담컨대 여러분 그리고 나는 앞으로 〈던킨도너츠〉 매장을 지나가면 오늘 찾아본 dunking이 생각날 것이다. 그리고 누군가 커피에 비스킷을 담가 적셔 먹는 장면을 보면 dunking 이 떠오를 것이다. 외우지도 않았고 사전으로 단어를 찾아 어색한 영어 문장을 만들지도 않았다. 구글을 열어서 마법의 5단계를 통해 내가 표현하고픈 장면을 영어로 찾은 것뿐이다. 우리는 '커피에 비스킷을 적셔 먹다'란 표현을 찾았을 뿐인데, 〈던킨도너츠〉의 유래부터 덩크슛까지 덤으로 알게 되었다. 일거양득을 넘어 일거다득이다. 구글 검색 만만세다. 이어서 절대 실패하지 않는 키워드 조합 꿀팁과 구글 검색에서 반드시 알아야 할 주의점에 대해서 다루도록 하겠다. 이 방법은 여러분이 지금까지 해 온 영어 공부법과는 다른 새로운 접근법이기에 처음엔 익숙하지 않을 것이다. 하지만 익숙해지면 마치 재미있는 게임처럼 즐길 수 있다. 내가 제시하는 기본적인 틀에 각자의 노하우와 경험이 더해지면 여러분만의 강력한 프로세스, 강력한 무기가 생기게 된다. 내가 약속하지 않았는가? 여러분 손에 백기 대신 무기를 쥐여주겠다고. 이제 무기를 가졌으니 갈고 닦아보자. 이제부터 우리는 우리가 하고 싶은 말은 우리가 직접 찾는다. 그것도 원어민들이 쓰는 표현으로 말이다.

보너스 꿀팁

절대 실패하지 않는 키워드 조합

구글 검색을 통한 영어 공부법의 핵심은 바로 키워드 조합이다. 처음 키워드 조합을 할 때는 막막할 것이다. 하지만 이제부터 설명하는 팁과 주의사항을 염두에 두고 마법의 5단계를 연습하다 보면 재미있게 할 수 있다. 보다 수월하고 정확한 검색을 위한 키워드 조합 꿀팁을 공개한다. 구글 검색, 보다 '빠르게/쉽게/정확하게' 얻을 것만 얻자

특정 장소: 알고자 하는 표현이 쓰이는 장소가 아주 명백히 정해져 있는 경우가 있다. 그런 경우에는 그 장소를 반드시 키워드에 포함하자. 훨씬 쉽게 정확한 결과를 얻을 수 있다. "체온을 재다."란 표현을 찾고 싶다고 가정해 보자. 체온을 재는 행위가 가장 많이 일어나는 장소는 어디인가? 그렇다. 병원이다. 이럴 때는 병원이라는 특정 장소를 반드시 키워드로 넣어야 한다. 병원의 'hospital'과 체온의 'temperature'를 조합해서 검색해보자.

대부분의 이미지가 우리가 찾고자 하는 체온을 '재는' 장면이다.

특정 사람: 찾고자 하는 표현에 특정 주체가 있는 경우도 있다. 예를 들어 "수갑을 채우다"라는 말을 들으면 누가 떠오르는가? 그렇다! 바로 경찰이다. 이 경우에는 수갑을 뜻하는 'handcuffs'와 경찰의 'police'를 조합하는 것이 '채우다'를 찾기 위한 가장 현명한 선택이다.

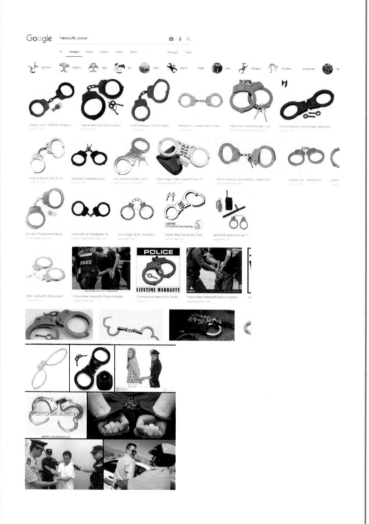

특정 브랜드: 내가 애용하는 방법 중 하나이다. 특정 장소나 특정 사람을
활용할 수 없는 경우에는 찾고자 하는 표현과 관련된 제품군이나 산업군의 대

표 브랜드를 활용해보자. 향수의 향이 "오래 지속되다"라는 표현을 알고 싶다고 가정하자. 향수는 딱히 특정 장소나 사람과는 관련이 없다. 하지만 향수로 유명한 브랜드들은 많이 있다. 브랜드 홈페이지 중 하나에 들어가 보면 향수의 특징에 '향의 지속성이 길다.' 혹은 '지속 시간: 5시간' 등으로 표현해 놓았을 것이다. 해당 제품군의 유명한 브랜드를 모른다면 구글에 "top 제품(여기서는 향수, perfume) brands"라고 검색하면 알 수 있다. 물론 미국 브랜드의 영문 사이트에 접속해야 한다.

"스타킹의 올이 나가다."라는 표현을 알고 싶으면 여성 스타킹 브랜드 사이트로 들어가 보자. 스타킹의 장점에 '올이 잘 나가지 않는다' 라는 표현이 있을 수도 있으니 말이다. 이런 방식으로 립스틱의 발색력이 좋다는 표현도 립 제품으로 유명한 브랜드의 사이트에 들어가서 찾아보면 된다. 이렇게 약간의 상상력과 추론력을 발휘하면 원하는 표현을 찾을 수 있는 길은 무궁무진하다.

보너스 꿀팁

구글 영어 공부법, 이것만 주의하면 된다.

콩글리시를 키워드로 넣지 않도록 주의하자. 콩글리시를 영어라 믿고 키워드에 넣어 조합하면 검색 결과가 제대로 나오지 않는다. 이런 사태를 미연에 방지하는 것이 서칭력을 높이는 팁 중 하나다. 골프 용어 중에 "머리 올리다"라는 표현을 찾고 싶어서 키워드를 조합하여 검색한 적이 있다. 필드에 처음 나가는 것을 '머리 올린다'라고 부르니 'golf, first, field'를 넣었었다. 그런데 검색 결과

페이지가 달랑 하나였다. 나는 당연히 '필드에 나가다.'라는 말에서 필드가 영어인 줄 알았는데 구글에서 field를 체크해 보니 맙소사! 필드가 콩글리시였던 것이다. 필드 대신 라운딩을 넣어도 실패했다. 라운딩도 콩글리시였기 때문이다. 라운드(round)가 맞는 표현이었다.

이렇게 당연히 영어라고 생각했던 단어들이 콩글리시인 경우가 더러 있다. 그러면 당연히 정확한 표현도 결과로 나오지 않는다. 그러니 비원어민과 원어민 구분 없이 공통으로 쓰는 일반적인 단어를 키워드로 사용하는 것이 가장 좋다. 키워드의 콩글리시 여부가 확실치 않으면 앞에 내가 설명한 부분을 참고하여 확인하고 사용하자.

모르는 말을 무조건 찾는 것은 금지! 명사는 사전! 동사는 구글! 나는 계속해서 사전 대신 구글을 열라고 말하고 있다. 하지만 분명 사전을 찾아보는 것이 시간 절약과 정확성 면에서 더 나을 때가 있다. 말똥가리, 흑염소, 암반층처럼 원어민력이 낮아서가 아니라 일상생활에서 잘 쓰이지 않는 단어나 전문용어이기에 우리가 모르고 있는 단어들이 있다. 그 단어들은 사전에서 찾아보아야 한다. 이런 단어들까지 구글로 찾는 것은 비효율적이다. 사전은 모르는 단어, 즉 명사를 찾을 때! 구글은 동사를 찾을 때! 쓰는 것이 가장 좋다.

영어를 잘하는 사람들을 보면 쉬운 동사를 적재적소에 사용하는 것을 볼 수 있다. 동사만 잘 써도 영어가 술술 풀린다. 하지만 그게 왜 그리도 어려운지 아는가? 바로 한국어가 영어보다 더 맛깔나는 언어이기 때문이다. 한국어의 표현력이 영어에 비해 높아도 너무 높다. 한국어는 매우 세분되어있다. 감정과 관련된 말들만 봐도 알 수 있다. 한국어에는 토라지다, 서운하다, 찝찝하다, 석연찮다 등 비슷해 보이는 말에도 미세한 차이들이 있기에 이 단어들을 모두 영어로 일대일로 대응할 수는 없다. 더군다나 우리가 영어를 감으로 배운 것이 아니기에 한국어로 말하고자 하는 뜻과 그나마 어감이 가장 비슷한 영어를 선택하기도 어렵다. 그래서 구글을 활용하는 것이다. 여러 정황을 객관적인 키워드를 통해 설명하고 그 키워드 조합을 통해 알맞은 표현, 알맞은 '동사'가 나오도록 하는 것이다.

이 예를 보면 확실히 감이 올 것이다. '입구에서 사원증을 찍고 들어가다.'라는 문장에서 사원증을 영어로 모르면 사전을 열고, '찍고 들어가다'라는 동사를 모르면 구글을 열어야 한다. 사원증은 원어민력과 관계없는 정해져 있는 단어지만 '찍고 들어가다'라는 행위는 원어민과 비원어민이 다르게 표현할 가능성이 크다. 또, '어부가 배에서 상자를 내렸다.'에서 어부라는 단어, 어부라는 명사를 영어로 모르면 사전을, '내리다'는 표현을 모르면 구글을 열어야 한다. 또 '열을 재다.'에서 열은 사전을, '재다'는 구글을 열어서 찾아야 한다.

지금까지 이 책을 꼼꼼하게 읽은 이라면, 이쯤에서 이런 질문을 할 수 있다. "앞에서는 피복이란 단어를 몰라도 피복이 벗겨지다는 표현을 구글로 찾을 수 있다고 했잖아요! 피복이라는 단어를 찾아보지 말라고 했던 것 같은데요?" 그렇다. 피복이 '벗겨지다'란 표현은 피복이란 단어를 몰라도 구글 검색을 활용해서 충분히 알아낼 수 있다. 하지만 만약 여러분이 피복이라는 단어 자체를 알아야 하는 상황이라면 사전에서 피복이라는 단어를 찾아야 한다.

사전과 구글을 구별해서 사용하자. 효율성을 위함이다. 어부, 열, 사원증을 영어로 찾기 위해 굳이 키워드를 조합하고 이미지를 확인해가며 검색할 필요는 없다. 그 단어들에는 원어민력이 전혀 영향을 끼치지 않기 때문이다. 원어민력이 필요한 표현을 찾고 싶을 때 구글을 열자.

미국 사이트 확인은 필수! 검색 결과에서 출처를 잘 가려내야 한다. 구글 검색을 활용하기 전에 지역과 언어를 설정해두었더라도 출처를 확인할 필요가 있다. 영어로 검색하면 대부분 미국이나 영국 사이트가 먼저 뜨기는 하지만, 콩글리시로 검색할 경우에는 한국사이트가 결과로 나오기도 한다. 마찬가지로 콩글리시는 아니지만, 칭글리시(중국인들이 쓰는 영어)일 경우에는 중국사이트가 결과에 나타나기도 한다. 하지만 우리는 영어 원어민들이 쓴 글과 그들이 보는 사이트가 필요하다. 구별법은 간단하다. 검색 결과 첫 페이지에 한글이나 한자 등이 없는지 확인하고 알파벳일지라도 유럽어는 아닌지 확인하라.

③

입 밖으로 자연스럽게 내보내기

좋다. 지금까지 구글 검색을 통해 모르는 단어의 뜻과 헷갈리는 두 단어나 표현의 차이와 정확한 뜻을 이미지와 영어 설명을 통해 아는 법, 내가 하고 싶은 말을 영어로 찾는 법을 알아보았다. 이것만으로도 좋다. 하지만 공들여 찾은 표현을 그냥 흘려보내자니 못내 아쉽다. 그래서 준비했다. '내가 찾은 표현 다지기 프로젝트' 구글 영어 공부법을 통해 우리 손에 들어온 영어 표현을 활용하면 된다. 준비물은 종이 한 장과 다른 색의 펜 두 개면 된다.

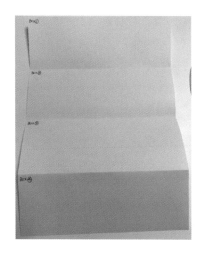

| Box ① |
| Box ② |
| Box ③ |
| Box ④ |

A4용지 한 장을 세로로 4등분해서 접자. 위부터 아래로 각각의 칸에 box ①, box ②, box ③, box ④라고 적는다.

Step 1 **고른 문장 적기(Box ①)**

마음에 드는 문장을 찾는다: 다지기 프로젝트에 쓰일 영어 문장을 고르자. 2장에 나왔던 Cut out이란 표현을 활용해보도록 하겠다. 구글에서 큰따옴표 안에 cut out을 넣어서 "cut out"을 검색하면 cut out 이 포함된 문장들이 검색 결과에 나타난다.

어떤 문장을 선택할까?: 검색 결과에서 큰따옴표 안에 넣은 표현은 굵은 글씨로 구별되어 표시된다. 그렇게 내가 다지고 싶은 표현인 cut out이 포함된 문장들을 보다 보면 욕심나는 문장이 있을 것이다. '욕심나는 문장'이란, 쉬워 보이지만 지금 당장 나는 이렇게 쓰지 못할 것 같은 문장이다. 즉 '와, 이 문장, 내가 쓴 문장이면 참 좋겠다.' 싶어서 욕심나는 문장이다. 단, 사전을 찾아봐야 할 정도로 어려운 단어가 포함되어 있거나 독해해야 할 만큼 어렵고 복잡한 문장은 제외하자. '쉬워 보이지만' 쓰지 못할 것 같아 욕심나는 문장을 고르자. 나는 다음 문장을 골랐다. Color with paints or markers or crayons and cut each part out carefully.

내 입맛에 맞게 길이 조절! 내가 고른 문장을 조금 줄여보겠다. Color with markers and cut each part out. 여러분도 이런 식으로 본인의 입맛에 맞게 줄일 수 있다. 이 문장을 Box ①에 적는다.

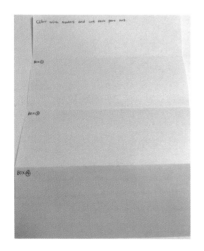

내 호흡에 맞게 사선(/)을 그으며 한 번 읽기: Color / with markers / and cut each part / out.

어디에서 사선으로 끊어야 할지는 내 호흡에 달려있다. 한 호흡이 끝나면 사선을 긋는다. 한 호흡이란 나에게 마치 한 단어처럼 묶여서 들어오는 만큼이다. 그 안에 실제로 몇 개의 단어가 들어가는지는 사람마다 다르다. 누군가는 color with markers를 '마커로 칠하다'로 하나의 호흡으로 볼 것이다. 하지만 다른 누군가는 color(칠하다) / with markers(마커로) 이렇게 두 개의 호흡으로 볼 수도 있다. 철저히 개인차다. 정답은 없다.

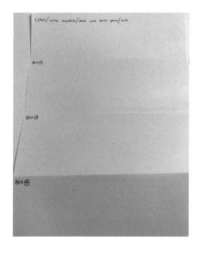 

음미하기! 음미하기라고 표현하니 어색하게 느껴지려나? 그런데 정말 이 말 외에 딱히 이 행위를 설명할 수 있는 말을 아직 찾지 못했다.

그 문장을 찬찬히 보며 원어민력을 음미해보자.

Color / with markers / and cut each part / out.

이 문장을 보면서 '아! 칠할 때는 그냥 color라는 동사만 써도 되는구나. 그리고 무엇으로 색칠하다 할 때는 with를 쓰면 되네. 색연필로 색칠하라고 하면 color with color pencils가 되겠구나. Cut과 out 사이에 오려낼 대상을 넣어서 쓰기도 하는구나.' 이런 식으로 찬찬히 뜯어보며 느끼면 된다.

Step 2 | 한국어로 적기(Box ②)

사선으로 그은 호흡에 맞게 한글을 끊어 적어보라. Color/ with markers/ and cut each part/ out. 색칠하라/마커로/ 그리고 각 부분을 오려내라.

이 문장을 Box ②에 적는다.

이때 본인의 한국어 말투를 적극 활용하여 써보면 좋다. 사선으로 문장이 드문드문 끊겨 있어서 물 흐르듯 이어지지는 않는다. 하지만 사선 하나하나에 해당하는 한국어 자체는 최대한 한국어답게 그리고 내 말투에 가깝게 써보자. 그렇게 해야 내 언어로 더 잘 기억된다.

Box ①

Color/with markers/and cut each part/out.

Box ②

색칠하라/마커로/그리고 각 부분을 오려내라.

Box ③

Box ④

내 영어 적기(Box ③)

내가 적은 한국어를 보며 밑에 영어로 적어라. 정답이 적힌 Box ①
은 접어서 보이지 않게 한다.

그리고 Box ②의 한국어를 box ③에 영어로 옮긴다. 이때 하나의 사
선 안에 있는 한국어는 무조건 한 호흡에 영어로 적어야 한다. 사선 하
나 속 한국어를 영어로 적고, 다음 사선 속의 한국어를 영어로 적는 식
으로 한다. 예를 들어 색칠하라 / Color, 마커로 / with marker, 그리고
각 부분을 오려내라 / and cut each part out 순서로 하면 된다.

192

내가 쓴 영어와 원문을 비교해서 체크한다. box ③에 영어를 썼으면 접었던 box ①을 펼치고 내가 쓴 영어와 원문을 비교하라.

내 문장: Color/with marker/ and cut each part out.

원문: Color/ with markers/ and cut each part out

원문에서는 markers라고 복수를 썼는데 나는 그냥 marker라고만 썼다. 틀린 부분을 다른 색 펜으로 표시하자.

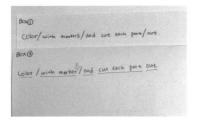

필사하기(Box ④)

원문을 그대로 필사한다: Box ②와 ③을 접어 box ① 아래 box ④가 바로 오게끔 한 후 필사를 할 것이다. 필사란 한 마디로 원문을 그대로 옮겨 적는 것이다. 하지만 한 호흡에 해당하는 사선 안의 영어를 눈과 머리와 마음에 꾹꾹 눌러 담은 뒤 바로 마치 내가 하는 영어인 것처럼 그대로 말로 함께하며 쓰는 것이다. 옮겨 쓰고 즉시 원문과 비교해보자.

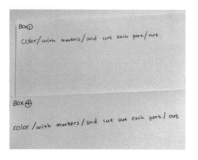

일일 통역사 되어보기! 이제 뒷면에 원문의 뜻을 자연스럽게 한국어 문장으로 적어보자. "마커로 색칠한 후, 각 부분을 오려내세요." 이 부분은 접어서 보이지 않게 하고 이 말을 옆의 외국인에게 바로 영어로 알려줘야 한다고 가정하여 이 상황을 이미지로 머리에 떠올리며 문장을 한 호흡에 한국어로 쭉 써보자(이 단계를 말로 한번 해보는 것도 좋다).

원문과 비교해서 체크한다.

이 방식은 통번역대학원에서 동시통역 수업을 듣기 전에 필수로 수강해야 하는'문장 구역(sight translation)' 수업에서 착안하여 만든 프로세스다. 종이를 접어 위의 방법 그대로 활용해도 좋고 말하기로 활용해도 좋다. 말로 할 경우엔 녹음한 후 원문과 비교해보자.

내가 궁금했던 표현을 직접 찾고 그 표현이 녹아있는 문장을 쓰고 말하는 단계까지 하고 나면 내가 알고 싶었던, 영어로 말하고 싶었던 바로 그 표현을 내 안에 '다질 수' 있다. 이 방법의 가장 큰 장점은 영어를 외우지 않고도 자연스럽게 흡수할 수 있다는 점이다. 실제로 나는 내 수업을 수강하는 학생들에게 과제로 이 과정을 반드시 포함시키는데, 이 방식에 대한 학생들의 만족도가 매우 높다. 그리고 이 단계를 거친 후, 학생들이 같은 한국어 문장을 다시 영어로 이야기할 때 확연히 달라진 영어 실력이 느껴진다.

같은 문장이라도 이렇게 문장 속 표현과 이미 친해졌는지, 내가 자발적으로 궁금해서 찾아본 표현인지에 따라 흡수력의 차이가 상당히 크다. 내가 이미 찾아보고 느껴 본 표현이 나에게 더 와닿을 수밖에 없기 때문이다. 구글에서 직접 정답을 찾아가는 동안 관련 이미지들을 보며 내가 찾는 표현이 쓰이는 분위기나 상황을 이미 이미지로 느끼고 자주 함께 쓰이는 단어나 표현들도 스쳐 가며 읽은 상태에서 그 표현이 들어가 있는 문장을 쓰고 혹은 말하는 행위가 이루어지기에 해당 표현에 대한 흡수력이 높아질 수밖에 없는 것이다.

우리는 영어 원어민이 아니기에 처음부터 원어민력 높은 영어를 구사하기는 어렵다. 그래서 원어민이 쓰는 문장을 먼저 충분히 느끼고 그 문장들을 발판 삼아 조금씩 발을 떼어야 하는데 그 과정을 쉽고 자연스럽게 할 수 있도록 '다지기 프로젝트'가 돕고 있다.

자, 내가 궁금한 표현을 직접 찾아서 그 표현이 속해 있는 문장을 이리 보고 저리 보며 분석하고 흡수하는 과정이 매일 반복된다면 여러분의 영어 실력에는 어떤 변화가 일어날까? 매일 새로운 원어민 영어를 하나씩 찾고 하나씩 다져 나간다면? 그 문장이 하나에서 열 개로 백 개로 쌓여간다면? 우리 안에 원어민 영어가 한 문장씩 쌓일 때마다 우리는 원어민식 사고에 한 걸음씩 가까워진다. 그리고 원어민식 사고에 한 걸음씩 가까워질 때마다 우리는 콩글리시에서 한 걸음씩 멀어진다. 믿기 어렵다면 오늘 당장 시작해서 일주일만 해보길 바란다. 그리고 원어민력 높은 문장이 7개만 내 안에 쌓여도 어떤 변화가 오는지 직접 느껴보기 바란다.

4

통역사의 한-영 통역 프로세스가 고스란히 들어있다?

회의 중 상대 외국인이 "올해 이 장비를 살 수 있나요?"라는 질문을 했을 때, 우리 쪽에서 할 수 있는 대답은 "돈이 부족해요. 이번에는 안될 겁니다. 위쪽에서 백 퍼센트 자를 거예요. 무리입니다. 승인이 나지 않을 거예요." 등 다양하다. 그럼 이 다양한 문장을 영어로 다 다르게 통역해야 할까? 그렇다면 각각 뭐라고 통역해야 할까?

통번역대학원에서는 한한 연습을 한다. 한국어 문장을 듣고 상대가 전달하고픈 메시지를 파악한 후, 한국어로 메시지를 요약하는 훈련이다. 본격적인 통역 연습을 하기 전에 이 과정을 거치는데 한국어 문장 자체에 얽매여서 실제 메시지가 아닌 겉껍데기만 통역하는 것을 방지하기 위함이다.

사실 위의 여러 가지 대답이 담고 있는 메시지는 하나다. "올해는 장비를 사지 못합니다." 이 메시지를 읽어서 영어로 얘기해 주는 것이 "무리다."를 뭐라고 표현해야 할지 끙끙대는 것보다 더 빠르고 정확하다. 대부분의 한국인은 돌려 말하는 경향이 있다. 특히 무언가를 거절할 때, 거절하는 이유와 그 이유의 이유까지 설명하려 한다. 원하는 것이 있어도 돌려 말한다. 처음부터 NO라고 말하는 것, 원하는 것을 단도직입적으로 요구하는 것에 익숙하지 않고 그렇게 하는 것이 다소 무례하다고 생각하기 때문이다. 그래서 한국어는 액면 그대로 영어로 통역하기가 매우 힘들다.

언어는 포장지다. 생각이나 느낌을 담아서 상대에게 전달하기 위한 포장지다. 그리고 이 포장지는 지구상 인구수만큼 다양하다. 사람마다 성격, 말투, 화법이 다 다르기 때문이다. 거절의 말도 단호한 성격의 김 부장님은 "절대 안 됩니다."라고 말하는 반면, 거절을 잘하지 못하는 여린 성격의 최 부장님은 "너무 힘들 것 같아요. 죄송해요. 그런데 그렇게 될 확률은 없지 않을까 싶네요."라고 말할 것이다. 하지만 두 부장님이 전달하고픈 메시지는 똑같다. 그래서 통역사는 포장지에 흔들리면 절대 안 된다. 한국어를 듣는 즉시 한국어 포장지를 벗기고 메시지만 가져와서 영어 포장지를 씌워 미국인에게 전달해야 한다.

통역뿐 아니라 영어로 말하기도 다를 바 없다. 대부분의 이들은 영어로 말을 잘하기 위해서 좋은 영어 포장지를 씌우는 것에 공을 들인다. 하지만 내가 하고픈 말을 영어로 전달하고자 할 때 가장 중요한 것은 한국어 문장 자체에서 먼저 벗어나는 것이다. 영어 말하기를 잘하기 위해선, 즉 원어민력 높은 영어를 구사하기 위해선 한한 연습을 해야 한다. 한국어 포장지를 뜯어내고 그 안의 메시지만 잡는 연습을 먼저 해야 한다는 소리이다. 그렇지 않고 한국어 자체에 매인 채 그 위에 영어 포장지를 덮어씌우게 되면 반드시 콩글리시가 나오게 되어있다. 한국어 모양 박스에 영어 포장지만 씌워 둔 격이기 때문이다.

우리의 모국어는 한국어다. 그렇기에 본능적으로 한국식으로 생각하고 말하게 되어있다. 한국인이기에 빠지는 한국어의 늪이다. 이 늪에서 빠져나오지 못하면 계속 콩글리시에 머물게 된다. 그렇다면 한국어에서 벗어나는 연습은 어떻게 해야 할까? 비밀을 하나 알려주자면 여러분은 이미 알고 있다.

마법의 5단계 중 첫 단계가 키워드 뽑아내기다. 이 과정에 예비통역사들이 하는 '한국어 문장 자체에 얽매이지 않고 전달하고자 하는 메시지만 잡고 간다'라는 한한 훈련의 핵심이 들어있다. 키워드를 선택한 후에는 이미지 결과를 보게 되는데 이때 처음 생각한 한국어 문장에서 일단 한 발짝 떨어져 나오게 된다. 말이라는 형태에서 이미지라는 형태로 옮겨오기 때문이다. 그때부터는 한국어 문장이 아니라 내가 마음에 그렸던 장면과 비슷한 이미지를 찾는다. 그리고 그때부터는 한국어가 아닌 그 이미지를 설명하고 있는 영어를 접하게 된다.

즉, 한국어에서 출발했지만, 키워드를 추려내고 이미지를 나침반 삼아 내가 원하는 장면을 찾아가고 마지막에는 이미지에 대한 설명을 영어로 접하게 되는 것이다. 그 과정에서 한국어 포장지는 완전히 벗겨져 나가게 된다. 이는 통역사들이 몇 년에 걸쳐 훈련하는 그리고 통번역대학원에서 가장 중요하다고 강조하는 한국어 문장에 얽매이지 않은 이상적인 한영통역 프로세스다.

영어를 세상에서 가장 잘하는 사람은 미국인이다. 하지만 한국어를 가장 빠르고 효율적으로 그리고 정확하게 영어로 치환할 수 있는 사람, 그리고 이를 위해 오랜 세월 훈련을 받으며 연습하고 노력하는 사람은 바로 한영통역사다. 그렇기에 한국어를 영어로 빠르고 정확하게 말하고 싶다면 통역사들이 하는 훈련법을 눈여겨보고 따라 해야 한다. 하지만 예비통역사들을 위한 프로그램을 접하는 것은 쉬운 일이 아니다. 접한다고 하더라도 통역 교육을 있는 그대로 마주하는 것은 통역사가 되는 것이 목적이 아닌 이들에게는 다소 과한 부분들이 있다. 그래서 전문 통역 교육을 받은 통역사가 일반 영어 학습자들을 위해 통역 프로그램과 통역의 핵심을 녹여내어 만든 영어 학습법이 가장 이상적이다. 바로 내가 이 책을 통해 소개하는 모든 공부법이 여기에 해당한다. 통역사의 손에 노트테이킹(note-taking)을 위한 노트와 펜이 들려 있다면 여러분의 손에는 구글이 있다. 여러분은 이제 여러분 자신을 위한 최고의 통역사가 되었다. 한국어의 늪, 콩글리시의 늪에 빠진 나를 위한 원어민력 높은 통역사 말이다. 통역의 순간, 통역사는 노트를 가장 먼저 펼친다. 이제 여러분도 영어가 필요한 순간 구글을 가장 먼저 열어라.

2장

구글 영어, 도대체 버릴 것이 없다:
스팸 메일도 훌륭한 교재

1

영어 잘하고 싶어? 이상형부터 찾아봐

나와 엄마는 뷔페를 좋아한다. 아빠는 종류만 많지 제대로 된 음식은 없다며 싫어하셨지만 난 그렇게 생각하지 않는다. 나에게 뷔페는 선택의 자유를 느끼게 해주고 '내가 마음만 먹으면 이 음식들을 다 먹을 수도 있어!'라는 허무맹랑한 욕심도 채워주는 파라다이스 같은 곳이다. 그래서 나는 뷔페에 가서 뽀얀 흰 접시를 들고 맛있는 음식들 사이를 유유히 돌아다니며 내 입맛에 맞는 음식을 쏙쏙 골라 담아와 맛보는 행위를 아주 좋아한다.

뷔페에서 엄마와 내가 가져오는 음식은 같은 곳에서 식사한다는 게 믿기지 않을 정도로 전혀 다르다. 엄마는 주로 샐러드, 생선, 조림 등 한식이나 가벼운 음식을, 나는 그라탱, 스테이크, 라자니아 등 묵직한 서양식을 가져온다. 내가 가져온 음식만 나오는 레스토랑에 갔다면 엄마 입맛에는 맞지 않았을 테고 엄마의 접시에 담긴 음식만 나오는 곳에 갔다면 나는 만족스럽지 못했을 것이다. 하지만 뷔페에서만큼은 만족도에 차이 없이 각자의 음식을 즐길 수 있다. 이렇듯 뷔페는 철저히 내가 좋아하는 것을 내가 먹고 싶을 때 가져오는 것이 가능하기에 내 입맛에 맞게 식사를 할 수 있다. 내가 무엇을 어떤 순서로 얼마큼 가져와서 얼마 동안 먹을지 모두 내가 결정하고 내가 통제한다는 점. 이 점이 뷔페가 좋은 이유다.

영어를 처음 맛볼 때, 특히 성인이 되어 다시 영어에 발을 담그려 할 때, 우리는 모두 뷔페를 즐기는 마음으로 접근해야 한다. 뷔페에 도착해 새하얀 흰 접시를 품에 안은 채 '어떤 음식이 있을까?'하고 설레며 즐겁게 시작하는 마음. 그 마음이 영어에 다시 발을 내딛는 마음이어야 한다. 우리는 설레고 궁금한 마음을 안고 가볍게 영어의 세계로 출발해야 한다. 뷔페에서 나는 묵직한 서양식 음식 코너로, 엄마는 씨푸드 코너로 가는 것처럼 영어의 세계에서도 내가 좋아하는 주제를 택해서, 눈과 마음이 원하는 음식, 즉 눈과 마음이 동하는 표현을 택해서 공부하자.

입맛이 비슷한 커플이 궁합도 좋다고 한다. 우리도 영어와 찰떡궁합으로 오랫동안 즐겁게 지내려면 우리의 입맛에 맞는, 좋아하는 주제에서 우리가 끌리는 표현으로 영어와 가까워져야 한다. 이것이 가장 현명한 영어 입문의 법칙이다. 고개가 끄덕여지는가? 그렇다면 이쯤에서 1분이면 답을 알 수 있는 심리테스트를 한번 해보자.

Q. 어떤 문장에서 눈이 멈추는가? (해석할 필요는 없다. 아래 6문장을 훑어본 후, 본능적으로 1초 더 눈이 머무는 문장 번호만 하나 고르면 된다).

❶ Which nations are most responsible for climate change?

❷ Why is social responsibility important in marketing?

❸ Is there a difference between socially responsible investing (SRI) and green investing?

❹ 20 tips on how to be a responsible girlfriend for your guy.

❺ How to be a responsible mother.

❻ A writer has the duty to be true and responsible.

테스트 결과 해석을 보자.

1번을 택한 당신, ❶ Which nations are most responsible for climate change?

평소 환경문제에 관심이 많은 사람이다. 기후변화를 뜻하는 climate change라는 단어에 눈과 마음이 멈췄을 것이다. 그런데 그것을 아는가? 보통 사람들은 climate change라는 단어를 들어본 적이 없거나 뜻을 알아도 크게 관심이 없다는 것을.

2번을 택한 당신, ❷ Why is social responsibility important in marketing?

당신은 마케팅 분야에 종사하고 있거나 전공자이거나 마케팅에 관심이 많은 사람이다. 여러분의 눈길은 본능적으로 marketing이라는 단어에서 멈추었다.

3번을 택한 당신, ❸ Is there a difference between socially responsible investing (SRI) and green investing?

여러분은 평소 주식이나 투자에 관심이 많거나 금융권에 종사하고 있을 가능성이 크다. 이미 SRI나 그린 인베스팅(green investing)이란 단어를 들어본 적이 있을 것이며 어쩌면 SRI와 그린 인베스팅의 차이점까지도 알고 있을지 모른다. 금융 쪽을 잘 모르는 이들은 SRI가 무엇인지, 그린 인베스팅이 무엇인지 전혀 감이 오지 않으며 그 둘이 무엇이 다른

지 궁금할 턱도 없다. 즉, 이 문장을 보는 순간 '나와 관계없어.'라며 지나칠 확률이 200%다. 하지만 당신은 왜 이 문장에서 눈길이 멈추었을까?

4번을 택한 당신, ❹ 20 tips on how to be a responsible girlfriend for your guy.

여러분은 한창 연애에 관심 많은 아가씨! girlfriend라는 단어와 20가지의 팁이라는 부분이 여러분의 관심을 끌었을 것이다. Your guy라는 단어에서 누군가가 떠오르며 두근거렸을지도?

5번을 택한 당신, ❺ How to be a responsible mother.

사랑하는 자녀를 가진 당신, 본능적으로 mother라는 단어에서 멈추었을 것이다. 그리고 how에 끌렸을 당신은 자녀에게 무엇을 어떻게 해주면 좋을지 늘 생각하는 멋진 엄마!

6번을 택한 당신, ❻ Responsibility and role of the writer. A writer has the duty to be true and responsible.

당신은 작가에 관심이 많거나 이미 작가이거나 지망생일 것이다. '작가에 대해 얘기하는 것 같은데?'라며 눈이 동그랗게 커졌을 것이다.

어떤가? 조금 더 예언하자면, 이보다 더 많은 제목이 있었다 하더라도 여러분은 방금 눈이 멈춘 그 문장을 고를 확률이 높다. 여러분이 택한 그 문장의 주제가 여러분이 관심을 가진 주제이기 때문이다. 그리고 여러분은 그 주제로 영어 공부를 시작해야 한다. 왜?

이미 눈치챈 이들도 있겠지만 위 6개의 문장에는 하나의 공통된 단어가 들어있다. 바로 responsible/responsibility (책임 있는/책임감)이다.

내가 responsible이란 단어를 모르는 연애에 관심이 많은 20대 아가씨라고 가정해보자. 연애에 관심이 많기에 6개의 문장 중 "20 tips on how to be a responsible girlfriend for your guy."에서 눈길이 멈추었다. 그런데 여자친구 앞에 붙은 responsible이란 단어를 모르겠다. 하지만 20가 지나 되는 팁을 알려준다고 하니 그 뜻이 궁금하다. 이 뜻을 찾아봐야겠다는 생각이 든다.

반면 똑같이 responsible이란 단어를 모르더라도 "How to be a responsible mother." 속에 있는 responsible이란 단어는 찾아볼 마음이 크게 일지 않는다. 왜? 나는 엄마라는 단어와는 큰 상관이 없기에 관련 문장에 관심이 가지 않기 때문이다. 즉, 이 문장이 나의 궁금증을 자극하지 못했다는 뜻이다.

내가 하고 싶은 말이 이것이다. 같은 단어일지라도 그 단어가 어떤 문장 안에 있느냐에 따라 어마어마한 차이가 생긴다. 내가 관심 있는 주제를 다룬 문장 속에 있는 모르는 단어는 궁금하다. 궁금하니 찾아보게 되고 답을 알게 된 후에도 더 잘 흡수한다. 하지만 관심 없는 주제를 다룬 문장 속에 있는 단어에는 큰 관심이 생기지 않는다. 그런데 우리는 지금까지 이 차이가 얼마나 큰지 신경 쓰지 않고 연애 이야기를 좋아하는 20대 아가씨에게 육아에 대한 텍스트를 들이밀며 육아를 배우면서 responsible이란 단어를 외우라고 강요해왔다. 그리고 외우지 못하면 영어를 왜 그렇게 못하느냐고 타박해왔다. 하지만 20대 아가씨가 responsible이란 단어를 가장 빨리 배우고 오래 기억할 수 있는 방법은 그녀가 가장 관심이 많은 "20 tips on how to be a responsible girlfriend for your guy."라는 문장을 보여주며 1) 관심을 끌고 2) 궁금해하게 하고 3) 자발적으로 알아보도록 하는 것이다.

나는 '내가 좋아하는 주제'로 영어 공부를 시작해야 한다고 굳게 또 굳게 믿는다. 내가 원하는 주제 안에서 표현을 보고 자발적으로 찾아보며 익힌 사람과 관심 없는 주제 속에서 표현을 억지로 외워가며 공부한 사람의 단어 습득도는 판이하다. 습득도만이 아니다. 후자는 모르는 단어를 알게 된 뒤 이렇게 생각할 것이다. "역시 영어는 암기과목이야. 역시 영어는 지겨워." 하지만 전자는 이렇게 생각할 것이다. "생각보다 영어가 재미있네. 외우지 않아도 흥미를 가지고 읽다 보니 단어의 뜻을 알게 되는데? 또 다른 문장을 볼까?" 그럼 어떻게 내가 좋아하는 주제로만 영어 공부를 할 수 있을까? 뷔페에서 먹고 싶은 음식을 골라 담는 설렘처럼 내가 좋아하는 주제로 영어를 공부하기 위해 구글 영어에 이어 또 하나의 새롭고 재미있는 영어 공부법을 소개하려 한다. 지금까지 우리가 거들떠보지도 않았던, 심지어 치를 떨며 싫어했던 무언가가 이제부터 우리에게는 최고의 영어 교재가 될 것이다.

2

스팸 메일 적극적으로 신청하기!

내가 좋아하고 관심 있는 주제로 재미있게 영어와 친해져 보겠다고 마음먹은 우리에게 잡지만큼 매력적인 자료는 없다. 재미있고 유익한 정보를 보기 좋은 형태로 제공하는 매체가 바로 잡지이기 때문이다. 게다가 업데이트도 꾸준하고 특정 주제를 꽤 심도 있게 다룬다. 그렇다. 내가 지금부터 소개하고픈 영어 공부법은 잡지를 활용한다.

그럼 잡지를 매달 돈 주고 사서 봐야 할까? 답은 아니오. 영문판 잡지는 한 권에 못해도 만 원이 넘는다. 내가 소개하는 영어 공부법들이 매력적인 이유 중 하나는 돈이 전혀 들지 않는다는 것이다. 그러니 NO다. 그렇다면 정기 구독을 해야 할까? 그럼 더 저렴하지 않을까?

나는 올해부터 절대 하지 않겠노라고 다짐한 것이 하나 있다. 무엇이 되었든 정기 구독 또는 장기 등록을 하지 않겠다는 것이다. 처음 마음먹었을 때는 요가도 빼먹지 않고 갈 것 같고 3개월에 9만 원 하는 집

앞 헬스장도 주 2회씩 꼬박꼬박 갈 것 같다. 하지만 머지않아 퇴근 한 시간 전부터 고뇌하는 나, 변명을 만들어내는 나를 발견한다. '아, 오늘은 너무 힘들었어. 이럴 때 운동하면 내일 더 힘들어질 거야.'라든지 내 전용 변명 문구인 '오늘은 왠지 그럴 기분이 아니야.'와 같은 변명들을 늘어놓고 나면 나 자신이 그렇게 못마땅할 수가 없다.

작년에 친구가 영문판 잡지 정기구독권을 생일 선물로 주었다. '좋아. 매일 한 페이지씩 읽어야지.'라고 생각했지만, 이 또한 오래가지 않았다. 비닐도 뜯지 않은 채 쌓여가는 잡지들을 볼 때마다 뒤통수만 간지러워졌다. 이런 경험을 하며 느낀 것이 있다. '해야 하는데, 했어야 하는데, 못한 일이 있다.'라는 느낌은 우리의 정신건강에 절대 좋지 않다는 점이다. 그래서 내 돈 내고 사서 스트레스받는 행위는 하지 않겠다고 다짐했다. 그리고 나는 정신건강을 해치는 영어 공부법은 절대 권하지 않는다. 그러니 정기 구독에 대한 대답도 '아니오.'다.

잡지를 활용하라고 했으면서 한 권씩 사지도 말라, 정기 구독도 하지 말라고 하면 어떻게 보란 소리인가? 아! 그럼 온라인 사이트로 가서 보란 소리일까? 그것도 아니다. 그럼? 많은 이들이 모르는 비밀을 하나 알려주겠다. 잡지사에서 정기적으로 보기 좋게 포장하여 우리에게 무료로 친절하게 보내주는 게 하나 있다. 바로 광고 메일, 즉 우리가 그렇게도 싫어하는 스팸 메일이다. 스팸 메일? 스팸 메일로 뭘 어쩌라고? 스팸 메일은 우리 돈을 낚으려는 사기꾼들의 낚싯줄 아닌가? 그걸 받아보라고? 이런 질문과 아우성이 벌써 여기까지 들린다. 하지만 몇 가지 팁만 지킨다면 그 지긋지긋한 스팸 메일은 우리에게 안성맞춤 영어 교재가 된다. 지금까지 모든 이가 싫어했던 스팸 메일이 유익한 영어 교재로 탈바꿈하는 비법을 지금 바로 공개한다.

Step 1 │ 가장 먼저, 내가 원하는 주제를 정하자

잡지에도 여러 카테고리가 있다. 여성들에게는 패션이나 뷰티 잡지가 가장 익숙하지만, 이 외에도 요리, 인테리어, 여행, 낚시, 스포츠, 게임 등 다양한 분야의 잡지가 발행된다. 내가 관심 있는 혹은 좋아하는 분야를 먼저 정해보자. 나는 인테리어와 요리 분야 잡지를 관심 있게 보고 있다. 주제의 수에는 제한이 없다. 어떤 주제를 좋아하는지 잘 모르겠다고? 아래 리스트를 참고해서 골라보자.

- 결혼 준비 중이세요? 결혼에 관한 이야기에 관심 폭발이라면? **결혼**(wedding)
- 썸남 마음 사로잡는 법, 남자가 좋아하는 여자의 행동 베스트 5 와 같은 남녀 이야기를 좋아하세요? **연애/관계**(relationship)
- 반려동물을 키우고 계신가요? 귀여운 동물을 보며 힐링하는 동물 덕후라면! **동물**(animal)
- 진지한 이야기, 세상 돌아가는 이야기가 좋다! **뉴스**(News)
- 연예인 이야기 좋아하세요? 혹은 미드 마니아세요? **연예**(entertainment)

- 유행에 뒤처지는 건 참을 수 없나요? 새로 나온 화장품은 반드시 써 보지 않고는 못 배긴다면? **패션/뷰티**(fashion/beauty)
- 요리를 하는 것도 좋아하고 맛있는 음식, 예쁜 디저트를 보기만 해도 설렌다면? **푸드**(food/drinks)
- 출산을 앞두고 계신가요? 예쁜 아이를 막 출산하였거나 육아 문제, 아이 교육에 관심이 많은가요? **맘/키즈, 육아**(parenting/education)
- 집 꾸미기가 취미! 기가 막히는 인테리어를 보면 행복한가요? **리빙**(home/gardening/lifestyle)
- 리더십, 경영, 마케팅에 관한 이야기가 너무나 재미있다면? **비즈니스**(business)
- 새로 출시된 전자기기는 무조건 써봐야 직성이 풀리나요? **테크&과학**(tech)

Step 2 **구글에 "top 10 주제(영어) magazines in the US"를 입력**

잡지 사이트를 잘 고르는 것은 매우 중요하다. 신뢰할 수 없는 사이트에서 스팸 메일을 받아보는 일은 위험하기 때문이다. 그야말로 우리가 알고 있는 사기성 농후한 스팸 메일이 우리의 메일함으로 들어올 수도 있다.

믿을 수 있는 곳에서 안전하게 스팸 메일을 받아보자. 이를 위해 내가 애용하는 방법은 바로 미국에서 유명한 잡지사 사이트에서만 스팸 메일을 받아보는 것이다. 하지만 미국에 살지도 않는 우리가 미국의 유명한 잡지사가 어딘지 어떻게 아느냐고? 그래서 우리에겐 누가 있는가? 그렇다, 구글이 있다. 우리는 Step 1에서 내가 관심 있는 분야를 정했다. 그 분야에서 10위 안에 드는 미국 잡지사라면 안전하지 않을까? 자, 구글을 열고 다음의 공식을 넣어라: Top 10 주제(영어로!) US magazines

예를 들어 요리에 관심이 있다면 top 10 cooking US magazines를 검색하는 것이다. 그러면 아래와 같이 미국에서 10위 안에 드는 요리 잡지사가 나올 것이다. 위쪽에 있는 결과 위주로 참고하여 사이트에 들어가자.

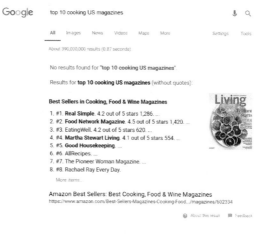

만약 특정 주제에 얽매이지 않고 다양한 주제의 잡지를 받아보고 싶다면 top 10 magazines in the US라고 입력하면 된다.

원하는 사이트를 클릭!

　되도록이면 top 10에 나온 사이트에는 모두 들어가서 스팸 메일을 신청할 것을 권장한다. 잡지사별로 스팸 메일을 발송하는 주기가 다르기 때문이다. 일주일에 한 번 보내는 곳이 있는가 하면 2주 혹은 1달에 한 번 보내는 잡지사도 있다. 만약 내가 하나의 잡지사를 골랐는데 그 잡지사가 한 달에 한 번 스팸 메일을 발송하는 곳이라면 나는 한 달에 한 번만 영어 교재를 받아 볼 수 있다. 그러니 10개의 사이트에 모두 신청해두는 것이 우리의 영어 교재를 보다 풍부하게 만드는 길이다.

newsletter 혹은 sign up을 찾아라!

　영어로 된 사이트라고 긴장할 필요 없다. 그전에 한 가지 사실을 공개한다. 미국 잡지사 사이트에서는 우리에게 익숙한 스팸 메일이란 단어는 찾아볼 수 없다. 그도 그럴 것이 누가 본인의 사이트에 '스팸 메일을 신청하세요.'라고 써두겠는가? 대신 그들은 '(free) newsletter'라고 부른다. 즉, 우리는 미국의 유명한 잡지사 사이트에서 무료 뉴스레터를 신청해서 받아보는 것이다.

　사이트에 들어가면 무조건 newsletter 혹은 sign up이 어디에 있는지 찾아라! 주로 사이트 첫 화면의 옆쪽 혹은 밑 쪽에 있다. 여기에 없다면 메뉴를 클릭해 보면 아래쪽에 자리 잡고 있다. 요리 잡지사이트 중 한

곳에 들어가서 확인해보겠다.

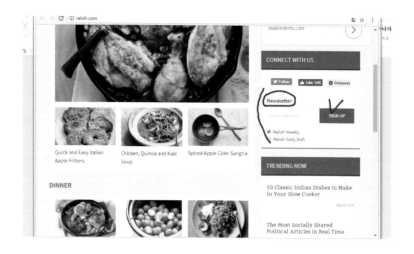

이 사이트에는 옆쪽에 "Newsletter"라 쓰여 있고 이메일 주소를 입력하는 칸 옆에 "SIGN UP" 버튼이 있다. 이곳에 이메일 주소를 입력하고 sign up 버튼을 누르면 된다! 간혹 sign up을 누르고 confirmation이 필요하니 입력한 이메일로 보낸 메일을 열어 confirm 버튼을 누르라고 나오는 경우도 있다. 그럴 때는 메일함으로 가서 시키는 대로 그 사이트에서 보낸 메일을 열어 confirm 버튼을 누르면 된다.

아래의 다른 사이트처럼 메뉴를 누르면 뉴스레터를 신청하는 곳이 나오는 경우도 있다. 한번 해보면 어렵지 않게 할 수 있다. 두 가지만 기억하자. newsletter 또는 sign up 찾기!

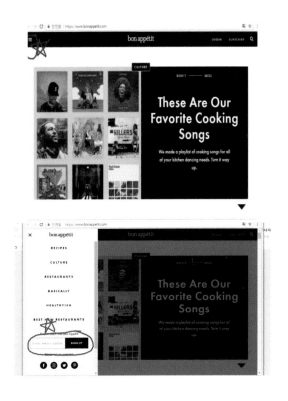

보너스 꿀팁

subscribe와 sign in 피하기!

반드시 알아 두어야 할 것이 있다. 사이트에서 subscribe와 sign in은 절대 클릭하지 말 것! subscribe는 정기 구독 신청 페이지다. 즉, 무료가 아니라 유료로 결제 후 해당 잡지를 직접 받아보는 서비스를 말한다. 또 sign in은 회원 가입을 진행하는 페이지다. 이메일 주소 외에도 많은 정보를 입력해야 하니 이 두 곳은 클릭하지 말 것!

보너스 꿀팁

뉴스레터 전용 이메일을 만들자!

잡지사 뉴스레터만을 위한 이메일 주소를 따로 만들기를 권한다. 스팸 메일 즉 뉴스레터 신청이 완료되면 그 순간부터 나의 메일함에는 차곡차곡 유익한 스팸 메일들이 쌓이기 시작하고 앞으로도 쭉 배달된다. 특히 여러 사이트에서 뉴스레터를 신청해두었다면 금세 메일함 페이지가 꽉 차서 업무용 혹은 개인용 중요한 이메일을 놓칠 수도 있다. 그러니 업무 혹은 개인용 메일과 섞이지 않도록 뉴스레터용 이메일을 따로 만들자. 이렇게 뉴스레터 전용 이메일을 만들면 이점이 또 하나 있다. 이 메일함에 들어가면 다른 업무용, 개인용 메일이 없기에 온전히 우리의 영어 교재인 뉴스레터에만, 즉 영어 공부에만 집중할 수 있게 된다.

자, 이제 백익무해한 스팸 메일을 받아볼 준비가 다 되었다. 그럼 이메일들을 우리의 영어 실력 향상에 어떻게 활용할지 알아보자.

3

스팸 메일 200% 활용하기

　스팸 메일 신청을 끝냈다면 좋은 습관 하나를 먼저 만들어보자. 누구나 매일 빼놓지 않는 행동이나 마주하는 상황이 있을 것이다. 나는 출근 버스, 지하철, 카페, 엘리베이터 등에서 줄을 서서 기다리는 상황을 매일 마주한다. 여러분은 어떠한가? 이렇게 매일 마주하는 상황과 스팸 메일을 확인하는 행위를 접목할 것이다. 다소 지루하거나 투덜거릴 수 있는 부정적 상황이면 더 좋다. 어쩔 수 없이 매일 찡그리는 시간이 있다면 그 시간을 스팸 메일을 열어보는 시간으로 활용하면 어떨까? 찡그릴 일도 없어지고 영어 실력을 올리는 좋은 습관 하나도 갖게 된다.

　영어로 된 글을 활용하는 방법은 다양하다. 다양한 만큼 영어를 읽는 목적을 먼저 정한 후 그 목적에 맞는 방법으로 읽어야 한다. 영어 읽기를 통해서 정보를 얻을 수도 있고 영어 문장의 구조를 파악할 수도 있고 요약 연습 또는 번역 연습을 할 수도 있다. 하지만 이 책을 통해 소개하는 공부법의 공통 목표는 원어민력 향상에 있으며 스팸 메일 활용하기의 1순위 목표도 단연 '원어민력 향상'이다.

우리는 스팸 메일을 활용해서 원어민 영어를 느끼고 흡수하고 이해하고, 이를 통해 원어민처럼 사고하는 능력을 높일 것이다. 글의 흐름을 따라가며 서론 본론 결론을 찾고 각 단락의 주제와 부주제를 찾는 등 우리가 흔히 알고 있는 '독해' 실력향상을 위한 진지하고 고독한 행위는 하지 않을 것이니 안심하길. 그리고 스팸 메일은 독해에 적합한 자료도 아니다. 우리는 스팸 메일 하나당 영어 표현 하나씩만 가져올 것이다.

원어민력 높은 영어의 특징을 아는가? 영어로 쓰인 걸 보면 무슨 뜻인지 알겠는데 그 말이, 그 영어가 내 입에서는 나오지 않는다는 점이다. 이 점에서 아이디어를 얻어 개발한 공부법이다. 눈으로 읽기에는 쉽고 내 입에서는 쉽게 나오지 않으니 쉽게 읽히는 표현 중 하나를 골라 내 입에서 나올 수 있도록 하는 것이 스팸 메일 활용법의 핵심이다.

앞에서 소개한 구글을 활용한 영어 공부법이 내가 모르는 말 혹은 내가 하고 싶은 말을 찾아 나서는 것이라면, 스팸 메일 활용법은 쉬워 보이지만 내 입에서는 나오지 않을 것 같은 영어를 내 안으로 가져오는 것이다. 이 매력적인 스팸 메일 활용법을 바로 알아보자.

우선, 스팸 메일함을 연다. 신청해 둔 사이트에서 발송된 스팸 메일이 차곡차곡 쌓여 우리를 기다리고 있을 것이다. 그 많은 메일을 다 클릭해서 읽어야 하는가? 아니다. 나는 주로 제목이 포함한 내용이 흥미롭거나 제목에 들어있는 영어 표현이 흥미로울 때 클릭한다. 한마디로 내가 '끌리는' 제목을 선택한다. 클릭한 순간부터 눈에 보이는 모든 영어는 원어민력 높은 영어이니 마음 놓고 실컷 구석구석 구경하자. 이때부터 본격적으로 스팸 메일 활용이 시작된다.

스팸 메일을 활용하면 영어식 사고를 체험하고 지극히 한국적인 표현에 쓸 수 있는 영어표현을 배울 수 있다. 내가 정말 좋아하는 공부법이며 원어민력 향상 효과도 매우 높다. 다음의 순서대로 해보자.

Step 1 │ 잡지 보듯 구경하자

스팸 메일을 연 후에는 제목부터 끝까지 잡지 구경하듯 한번 쭉 훑어본다. 스팸 메일은 영어 비원어민들의 영어교육을 위해 제작된 교재가 아니다. 실제 미국 잡지사의 미국인 에디터가 작성하고 미국인 검수자가 검수하고 미국인 마케팅 담당자가 기획한 홍보 메일이다. 그렇기에 제목부터 아주 작은 부분까지도 모두 영어식 사고가 배어 있다.

Step 2 │ 나에게 쉬운 문장을 고르자

방법은 간단하다. 다음에 해당하는 문장들은 바로바로 건너뛰자.

- 보자마자 무슨 뜻인지 바로 와닿지 않는 문장
- 모르는 단어 혹은 표현이 포함된 문장
- 이 외의 어떤 이유에서든 어렵게 느껴지는 문장

위에서 이야기한 문장들을 건너뛰다 보면 쉬운 문장을 마주하게 된다. 그 문장을 직독직해(sight translation)하자. 직독직해란 한국어를 읽듯이 왼쪽에서 오른쪽으로 쭉 밀고 나가며 영어를 한국어로 바꾸어 말하는 것이다. 예를 들어 "I'm pretty sure that we'll see an end to malaria in my lifetime."란 문장에 우리가 학교에서 배운 독해법을 적용하면, "내가 살아있는 동안 / 말라리아가 없어지는 것을 보게 될 것이라는 / 점을 / 나는 확신한다."처럼 뒤에서 앞으로 끌어오며 독해를 하게 된다. 하지만 직독직해는 다르다. 이런 식이다. "I'm pretty sure 나는 확신하는데 / that 무엇을 확신하느냐 하면/ we'll see an end 우리가 끝을 보게 될 것이라는 점이다. / to malaria 말라리아가 없어지는 것을 / in my lifetime. 내가 살아있는 동안 보게 될 것이다."

영어는 뒤에서부터 독해해야 한다는 고정관념을 완전히 깨는 방법이다. 앞에서도 언급했듯이 직독직해는 동시통역 수업을 듣기 전 통역대학원에서 필수적으로 배우는 테크닉이다. 이제 우리는 이 방법을 활용할 것이다. 단, 눈으로만 읽는 것이 아니라 직접 입을 움직여 소리 내어 직독직해하자. 큰 목소리로 하지 않아도 된다. 눈으로만 읽고 지나가는 것을 막기 위함이니 소리를 내지 않더라도 반드시 입을 움직여서 직독직해하자.

"This red lipstick looks good on every skin tone." 이 문장을 예로 들어

보겠다. 눈으로 읽을 때는 큰 어려움 없이 무슨 뜻인지 알 것 같은 문장이다. 하지만 직접 직독직해를 통해 한국어로 바꾸어 보면 멈칫하는 순간을 마주하게 된다.

직독직해 방법은 간단하다. 문장을 앞에서부터 작은 단위로 끊으며 바로 한국어로 바꾸면 된다. "This red lipstick / 이 레드 립스틱은"여기까지는 문제없다. 그런데 다음 부분에서 "looks good / 좋아 보인다."라고 할 확률이 높다. 하지만 뒷부분을 보자. "on every skin tone. / 모든 피부 톤에."이다. 즉, 합쳐보면 한국어로"이 레드 립스틱은 모든 피부 톤에 좋아 보인다."라고 말한 것인데, 뜻은 통할지 모르지만 자연스러운 한국어 문장으로 느껴지진 않는다. 이럴 때! 잠깐 멈추는 것이다.

Step 4 상황 속 대사로 생각해보자

자연스러운 한국어 문장이 만들어지지 않을 때 멈추어서 '이럴 때 한국에서는 뭐라고 하지?'를 생각해보자. 가장 좋은 방법은 방금 본 영어는 일단 잠시 잊고 이 말이 쓰일 만한 상황을 떠올려 보는 것이다. 립스틱에 관한 이야기이니 화장품 가게에서 점원이 손님에게 립스틱을 보여주는 상황을 생각할 수 있겠다.

상황을 생각했으면 그 상황에서 나올 만한 대사를 생각해보자. 점원이 빨간 립스틱을 손님에게 보여주며 "이 빨간 립스틱은 모든 피부 톤에 ~요."라고 이야기하는 장면이다. 이 장면 안에서 점원의 대사를 생각해보자. 뭐라고 할 수 있을까? "~모든 피부 톤에 잘 받아요.", "~모든 피부 톤에 잘 어울려요."를 생각해 볼 수 있다. Look good을 눈으로 읽기만 했을 때는 이렇게 깊이 있게 생각해보지 못한다. 하지만 이렇게 상황 속 대사로 한 번 더 생각해보면 그 표현의 의미를 더 정확하게 가져올 수 있다.

Step 5 | 구글로 확인해보자

자연스러운 한국어를 찾았다면 내가 생각해낸 한국어 뜻이 맞는지 확인하자. 구글을 열어 큰따옴표 안에 표현을 넣어서 검색해보자. 뒤에 전치사가 있다면 전치사까지 포함하는 것이 좋다. 이 경우에는 "look good on"을 넣으면 된다. 그 후에 이미지와 전체검색 결과를 확인해보자. 이미지를 보며 내가 찾은 자연스러운 한국어에 맞는 이미지인지 확인해보자. 전체검색 결과에는 "look good on"이 들어간 예문들이 나올 것이다. 그 예문들을 보면서 내가 찾은 한국어로 바꾸었을 때 어색함이 없는지 확인해보자.

우리는 지금까지 look good을 '좋아 보이는'이라고만 생각했다. 그래서 '이 스웨터 너한테 정말 잘 어울린다.', '너는 보라색이 잘 받아.'라는 말을 영어로 해야 할 때 '어울리다' '잘 받는다'란 영어를 찾으려 했다. 하지만 이제는 look good이 '어울리다'와 '잘 받는다'의 의미도 갖고 있음을 알았기에 "This sweater looks good on you.", "Purple color always looks good on you!"라고 쓸 수 있다.

Step 4로 넘어갈 때까지 진행하자

내가 고른 쉬운 문장을 직독직해했지만 막히는 부분이 없어 Step 3에서 끝났다면, Step 4로 넘어가는 문장이 나올 때까지 계속 진행하자. 영어를 잘하는 사람의 영어를 한번 잘 들어보라. 어려운 단어를 쓴다든지 어려운 구조의 문장을 쓰지 않는다. 들으면 누구나 아는 단어를 택하지만, 그 단어들을 소위 '원어민답게' 배치해서 쓴다. 원어민식 사고를 하고 있기 때문이다. 쉬운 단어, 쉬운 구조를 사용하기에 발화속도도 빨라져서 플루언시(fluency)가 생긴다. 플루언시와 함께 정확도도 높아지기에 영어 원어민들이 쉽게 알아듣는 원어민력 높은 영어를 유창하게 할 수 있는 것이다.

우리는 여기에 주목해야 한다. 스팸 메일을 통해 어려운 문장이 아닌, 쉬워 보이는 문장을 주의 깊게 봐야 한다. 그곳에 원어민력이 숨어있기 때문이다. 결국, 영어의 답은 원어민력이다. 원어민력이 가득한 스팸 메일을 읽어 내려가며 자연스러운 한국어로 바꾸어 보는 과정에서 쉬운 단어와 그 표현의 제대로 된 뜻을 파악하게 되고 다양한 쓰임새를 알게 된다. 동시에 우리 안의 콩글리시는 점점 옅어지고 원어민력이 올라간다. 원어민력을 높이는 지름길이 아닐 수 없다. 1초 안에 원어민력 높은 영어의 세상으로 문을 활짝 열어주는 스팸 메일의 힘을 지금 바로 느껴보길.

4

동시통역의 비밀이 들어있는 스팸 메일

초등학교 3학년 때 우리 반 담임선생님은 꼬마 여자아이인 내 눈에도 천사같이 아름다웠던 분이셨다. 그래서인지 여자아이들이 유독 선생님을 좋아했고 나도 마찬가지였다. 어느 날 나는 선생님께 이렇게 여쭈었다. "어떻게 하면 선생님처럼 예뻐져요?" 이어진 선생님의 대답이 아직도 내 마음속에 남아있다. "선생님은 길을 걸을 때 앞뒤 옆에 카메라 세 대가 늘 나를 따라다닌다고 생각해. 그러면 표정도 걸음걸이도 달라지거든. 그리고 그렇게 쌓인 순간의 표정, 순간의 걸음걸이가 결국 나라는 여자가 되는 거야."

스팸 메일로 영어를 배운다고? 처음에는 어리둥절했을 것이다. 하지만 이제는 왜 스팸 메일을 영어 공부의 교재로 택해야 하는지, 어떻게 신청하고 활용하는지 알게 되었다. 그럼 이 질문을 할 차례다. 스팸 메일 활용은 영어 공부에 왜 좋은 걸까?

동시통역사들의 주요 훈련법이 녹아있다. 스팸 메일을 눈으로만 읽는 것에서 끝나는 것이 아니라 한국어로 속도감 있게 전환해 가며 읽어보라고 이야기했다. 한두 번 해보면 쉬워 보였던 영어문장이나 표현도 그에 딱 맞는 한국어로 바로 떠올리는 것이 쉽지 않다는 점과 '지금까지 내가 영어를 수박 겉핥기 식으로 공부했었구나.'라는 걸 느낄 것이다.

앞에서 내가 하고 싶은 한국어를 영어로 찾는 과정에서 먼저 내가 하고 싶은 한국어를 하나의 장면으로 생각해보라고 했었다. 그리고 그 방법이 한영통역 프로세스와 많이 닮아있다고도 이야기했다. 스팸 메일을 통해서는 이와 반대로 영어를 보고 전달하고자 하는 뜻만 가져와서 한국어로 바꾸어 보는 작업, 즉 영한 통역의 프로세스를 습득할 수 있다. 특히 영어를 보며 의미 단위로 끊어서 바로바로 한국어로 바꾸는 것은 영한 동시통역을 위해 통역사들이 애용하는 방법 중 하나인 직독직해다. 스팸 메일을 하나 읽었을 뿐인데 동시통역사들의 훈련법을 배우다니! 해볼 만하지 않은가?

영어 말하기에 대한 사고의 전환이 일어난다. 앞서 든 예 중에 "This red lipstick looks good on every skin tone."이란 문장에서 look good 을 '좋아 보인다.'가 아니라 '잘 어울린다', '잘 받는다'라고 하는 것이 더 자연스럽다고 이야기했었다. 이렇게 'look good=좋아 보이는'의 공식이 아니라는 깨달음이 쌓이게 되면 출발어 자체에 얽매이지 않게 된다.

이런 경험을 계속하다 보면 "발신 전용 이메일입니다."를 발신 혹은 전용이라는 단어를 쓰지 않고도 영어로 표현할 수 있다는 생각이 들게 된다. "그 옷이 피부톤에 잘 어울린다."라는 말을 영어로 하고 싶을 때, '잘 어울린다'는 영어표현을 몰라도 충분히 영어로 표현할 수 있겠다는 사고의 전환도 일어난다. 즉, 기계 번역하듯 한국어를 문자 그대로 영어로 다 바꾸지 않아도 내가 하고픈 말을 영어로 말할 수 있다고 느끼게 된다.

이는 굉장히 고무적인 발전이며 변화다. 여러분은 이때부터 조금씩 자유로움을 느끼기 시작할 것이다. 단언컨대, 이때부터는 지금까지 갖고 있던 영어에 대한 무거운 마음이 탁 하고 풀리며 가벼워질 것이다. 그리고 어떤 말이든 원어민력 높은 영어로 말할 수 있다는 자신감이 생기기 시작한다. 영어를 좋아하고 영어를 잘할 수 있는 가장 중요한 요소 중 하나다.

영어 읽기에 대한 사고의 전환이 일어난다. 우리는 이제 영어 신문, 영어책 등 모든 영어 콘텐츠에서 어렵고 재미없게만 느껴졌던 독해 대신 스팸 메일 활용법을 적용할 수 있다. 이와 함께 영어로 쓰인 콘텐츠를 '어려운 대상'이라고 느끼는 대신 내 원어민력을 올려 줄 하나의 소스로 인식하게 된다. 화장대에 있는 수입 화장품 뒷면의 영어도 무심히 지나치지 않고 '이 부분은 자연스러운 한국어로 뭐라고 하면 될까?'를 생각하며, 나도 모르는 새 눈으로 영어를 읽어가는 자신을 발견할 것이다. 한 페이지를 가득 채운 어려운 읽기 자료를 읽어야만 영어를 공부하고 영어 실력이 느는 게 아니다. 이 사실을 느끼기에 영어 읽기에 대한 부담과 영어로 쓰인 콘텐츠에 대한 두려움이 줄어드는 사고의 전환을 경험한다.

교재 자체가 재미있고 매력 있다. 잡지사는 독자의 눈과 마음을 사로잡기 위해 어마어마한 노력을 쏟아붓는다. 전문 포토그래퍼가 사진을 찍고 전문 디자이너가 페이지를 구성하고 각 분야의 기자들이 독자가 가장 필요하고 가장 재미있어할 주제로 기사를 작성한다. 각 분야의 전문가들이 만들어 낸 재미와 유익의 끝판왕이 잡지다.

'맛 한번 보고 가세요!'라고 유혹하는 시식코너처럼 스팸 메일은 우리를 잡지사의 사이트로 유인하기 위한 미끼다. 그렇기에 잡지사들은 잡지 내용 중에서도 가장 매력 있는 콘텐츠를 엄선하여 스팸 메일을 만든다. 한 권의 잡지를 그리도 매력 있게 만드는 전문가들이 그들의 노력을 선보이는 첫 관문인 스팸 메일을 얼마나 매력 있게 구성했을지 상상이 가는가?

그런데 매력 있고 재미있고 때로는 다소 자극적인 콘텐츠가 왜 중요하냐고? 재미있는 콘텐츠는 영어 공부가 지루하고 어렵다는 우리의 선입견을 한 방에 날려버리고 재미있는 잡지를 구경한다고 느끼게 하기 때문이다. 더군다나 우리가 받을 스팸 메일은 우리가 관심 있는 분야에 관한 이야기가 아니던가.

캐주얼하지만 클래스 있는 원어민 영어를 배운다. 잡지는 출판된다.

잡지사들은 지면에 실리는 그들의 결과물에 책임감을 가진다. 잡지는 신문이나 논문처럼 딱딱하지 않다. 생활 속에서 흔히 쓰는 표현을 쓰고 친근한 주제를 다룬다. 그래서 한 마디로 잡지는 재미있고 부담 없는 콘텐츠를 담고 있는 출판물이다. 오타나 문법 오류를 검열할 것이고 지면에 실어야 하기에 지나치게 낮은 수준의 표현은 최대한 지양할 것이다. 재미있는 주제를 엄격한 검수를 거쳐 클래스 있는 영어로 담고 있는 스팸 메일. 이보다 더 좋은 교재가 또 있을까?

매 순간 남의 눈을 지나치게 의식할 필요는 없지만 단 한 사람의 눈은 의식하며 지내야 한다고 생각한다. 그건 바로 나 자신이다. 나 자신에게 아름다운 사람, 나 자신에게 우아한 사람이 되자. 요즘엔 누구나 손에 스마트폰을 들고 있다. 습관적으로 보고 있는 스마트폰 화면이 여러분의 많은 부분을 반영하고 있다는 사실을 알고 있는지? 내가 들고 있는 스마트폰의 화면이 1초 후면 휘발해 버릴 가십거리가 아니라 영어로 쓰인 뉴스레터라면? 순간의 표정, 순간의 걸음걸이가 나 자신이라고 믿으며 늘 아름다운 표정과 걸음걸이를 유지했던 선생님처럼 우리도 순간의 아름다움과 우아함을 스팸 메일로 만들어보는 건 어떨까?

나를 바라보는 나 자신의 눈을 의식하자. 영어를 잘하고 싶다면 머리를 식힐 때 영어로 머리를 식혀보자. 어차피 스마트폰을 열어 무언가를 볼 거라면 원어민력 높은 영어가 가득한 스팸 메일을 보자. 말만 혹은 마음만 영어를 잘하고 싶다고 하진 않았는가? 맛있는 영어를 먹기 좋게 포장해서 매일 배달해 주는 스팸 메일로 이제는 정말 시작해 보자.

3장

트위터,
140자 속 완벽한 원어민력

1

140자, 글자 수 제한이 주는 영어 공부의 안락함

SNS는 인간의 내면에 숨겨진 관음증과 노출증을 동시에 충족시켜 준다. 그래서 많은 이들이 SNS에 쉽게 중독된다. 그렇다. SNS에는 '염 탐'의 재미가 쏠쏠하다. 그곳에서 우리는 타인의 일상과 생각을 훔쳐볼 수 있다. 나는 싸이월드(Cyworld) 세대다. 처음 페이스북(Facebook)이 생겼을 때까지만 해도 이런저런 사진을 올리고는 했었다. 그런데 지난 달에 선본 남자를 친구로 추천하는 페이스북의 눈치 없는 오지랖을 경 험한 후, 경악을 금치 못하며 뒷걸음질 쳐 달아났다. 그로부터 몇 년 동 안 그저 대학원 입학, 졸업, 입사, 퇴사, 이직 등의 정보 업데이트만 하며 페북을 이력서처럼 사용했었다. 인스타그램(Instagram)이 생겼다고 떠 들썩할 때도 유행 알레르기가 있는 나는 꿈쩍도 하지 않았다. 그로부터 한참 후 슬그머니 다운 받아 보았는데 나름 재미있었다. 그런데 어느 순 간부터 인스타그램을 켜면 한 시간 이상을 순식간에 흘려보내고 결국 분노에 찬 상태로 앱을 닫고, 멍하니 천장을 보고 누워 신세 한탄을 하고 있었다. 시작은 예전만큼 자주 보지 못하는 친구들의 근황이 궁금했던 것뿐인데 왜 늘 신세 한탄으로 끝나는지 답답한 노릇이었다. 그래서 나는 모든 SNS를 삭제했다.

몇 년이 지난 어느 날 분위기 좋은 레스토랑을 검색하기 위해 인스타그램을 다시 설치했다. 오랫동안 사용하지 않았기에 아이디도 비밀번호도 생각나지 않았다. 그래서 아이디를 하나 더 만들어 들어갔는데 '추천'란에 J.Lo(제니퍼 로페즈)가 떠 있는 것 아닌가? 호기심에 들어가서 포스트 몇 개를 보는 순간, '이거다.' 싶었다. 제니퍼 로페즈는 실시간으로 본인의 사진에 짤막한 코멘트를 달아 올리고 있었다. 번쩍하고 정신이 들어 자리에서 몸을 일으켜 세워 앉았다. 그리고 깨달았다. 미국인의 SNS가 바로 원어민 영어의 천국은 아닐까? 그리고 몇 초 뒤, 떠오른 한 단어는 바로 '트위터(twitter)'였다. SNS의 역기능에 지쳐 멀리 떨어져 지냈지만, 트위터의 순기능을 영어 공부에 활용할 수 있겠다는 생각이 들었다. 그래서 트위터를 활용한 영어 공부법을 개발했다. 다음과 같은 트위터의 7가지 특징이 영어 공부에 있어서 우리의 7가지 니즈를 채워준다.

트위터에는 글자 수 제한이 있다. 우리는 짧은 길이의 영어가 필요하다. 왜? 영어가 길어지면 피곤하기 때문이다. 영어로 된 칼럼이나 기사를 읽지 않게 되는 이유 중 하나가 너무 길기 때문이다. 영어뿐 아니라 한국어 기사도 너무 길면 읽기 싫어지게 마련이다. 심기일전하여 긴 글을 읽어 내려가도 모르는 단어가 나오면 맥이 끊기고, 맥이 한두 번 끊기다 보면 '에랏!' 싫어지며 덮어 버린다. 하지만 트위터에는 고맙게도 글자 수 제한이 있기에 그럴 일이 없다.

트위터에는 원어민 영어가 있다. 우리는 실제 미국인이 사용하는 원어민 영어가 필요하다. 왜? 원어민력을 높이고 싶기 때문이다. 지나가는 외국인이 영어 원어민인지는 알 수 없으나 유명한 할리우드 배우 중에 누가 미국인인지는 알 수 있다. 미국의 할리우드 배우부터 미국 대통령, 영부인까지 우리가 알고 있는 유명 미국인들의 계정만 팔로우해도 족히 몇백 개는 넘을 것이다. 그리고 그 계정에는 그들이 구사하는 살아있는 원어민 영어가 있다.

트위터에는 클래스 높은 영어가 있다. 우리는 품격있는 미국인이 쓰는 점잖은 원어민 영어를 골라 배우고 싶다. 왜? 10대들이 쓰는 슬랭(Slang)이나 유행어를 배우고 싶은 것은 아니기 때문이다. 최근 도널드 트럼프 미국 대통령도 북미정상회담 장소를 트위터에 가장 먼저 올렸다. 그리고 트럼프 대통령뿐 아니라 백악관 대변인 등 미 정부 측 인사 대부분이 트위터를 통해 실시간 소식을 전하고 있다. 이들만 팔로우해도 미국 및 세계 소식과 더불어 미국 정치인들이 쓰는 고급 영어를 배울 수 있다. 트위터에는 선택의 자유가 있다. 미국 유명인 중에서도 이렇게 소위 클래스 있는 영어를 쓰는 이들을 잘 골라 팔로우하면 정말이지 어마어마한 퀄리티의 영어 교재를 실시간으로, 그것도 무료로 볼 수 있다.

트위터에는 일상 영어가 있다. 우리는 일상에서 하는 생각을 원어민 영어로 어떻게 표현하는지 알고 싶다. 왜? 우리는 일상 영어를 직접 접할 기회가 적기 때문이다. 트위터는 다듬고 다듬은 기사나 칼럼이 아니다. 트위터 사용자들이 지금, 이 순간 느끼는 본인의 생각을 메모장처럼 그때그때 적어서 공유하는 플랫폼이다. 그렇기에 순간 느끼는 생각이나 감정이 영어로 어떻게 표현되어 있는지 볼 수 있다.

트위터에는 나의 취향 저격 영어가 있다. 우리는 내가 공부할 영어 자료를 스스로 선택하고 싶다. 왜? 지금까지 나의 관심사와는 전혀 관련 없는 지루한 영어 교재를 너무 많이 봤기 때문이다. 스팸 메일 편에서도 이야기했지만 내가 좋아하는 주제, 내가 관심 있어 하는 주제를 다룬 영어가 나에게 훨씬 더 재미있게 다가오게 마련이다. 트위터에서는 내가 관심 있고 좋아하는 연예인이나 특정 직업군의 유명인들만 팔로우하여 나만의 취향을 반영한 교재를 만들 수 있다.

트위터에는 간단함이 있다. 우리는 간단하고 쉬운 영어 공부법을 원한다. 왜? 어렵게 다잡은 마음이 식거나 달아나지 않으려면 간단해야 하기 때문이다. 트위터는 단 두 가지 활동으로 이루어진다. 팔로우 (follow) 그리고 팔로우 취소(unfollow). 원하는 계정에는 팔로우 버튼을, 원하지 않는 계정에는 팔로우 취소 버튼만 누르면 된다.

트위터에는 실시간 업데이트가 있다. 트위터는 업데이트 속도가 정말 빠르다. 실시간으로 순간의 생각을 바로 공유하기 때문이다. 그래서 팔로우하는 계정이 많을수록 실시간으로 올라오는 피드가 많다. 시시각각 업데이트되는 원어민들의 일상 영어는 트위터에서만 경험할 수 있다. 지금 우리는 어쩌면, 원어민 영어를 가장 쉽고 가장 편리하게 배울 수 있는 시대에 살고 있는지도 모른다. 시대에 맞춰 영어 공부법도 업데이트하자. 종이책을 열어 형광펜과 가지각색 펜으로 공부하던 시대는 지나갔다.

SNS의 몇몇 단점에 허덕이며 무조건 피하기만 할 이유는 없다는 생각이 든다. 진정한 스마트함이란 기술의 발전을 나에게 최대한 좋은 방향으로 활용하는 것이다. 원어민력 향상을 위해 SNS의 순기능을 충분히 활용하자.

하루 딱 3번만 열어보면 된다

딴짓은 참 재미있다. 나는 학창시절, 시험 기간에 책상에 앉으면 책상 모서리에 무늬를 그리는 데에 푹 빠져서 한 시간이고 두 시간이고 시간을 보내곤 했다. 그런데 이렇게 재미있는 딴짓의 뜻이 사전에는 다소 부정적으로 나와 있다. "어떤 일을 하고 있을 때 그 일과는 전혀 관계없는 행동을 하는 것."

이 사전적 의미 때문에 우리는 어릴 때부터 "딴짓하지 마!"라는 꾸지람을 들어왔던 것 같다. 하지만 지금껏 우리는 딴짓의 어마어마한 힘은 간과해왔다. 바로 딴짓이 주는 일시적인 해방감 그리고 그 짜릿함이 주는 집중력이다. 지금 하는 일과 전혀 관계없는 행동을 할 때 일시적인 해방감을 느끼고 집중력이 올라간다면, 딴짓을 통해서 해야 할 일을 하는 건 어떨까?

요즘 시대에 가장 많이 하는 딴짓은 SNS다. 근무 중에, 회의 중에,

수업 중에 지루할 때마다 습관적으로 스마트폰을 열어 연예인 가십거리도 읽고, 어제 놓친 방송 리뷰도 보고, 주말에 갈 맛집도 찾아보고, 고등학교 동창이 새로 산 가방 사진도 볼 것이다. 그야말로 사전적 의미의 딴짓이다. 하지만 나는 딴짓의 숨겨진 힘을 십분 활용하여 영어 실력을 올리고자 한다. 이제 재미없는 공부, 억지로 하는 공부, 따로 시간을 내어 마음먹고 하는 공부에서 벗어나자. 할수록 이득이 되는 공식적인 딴짓을 통해 틈틈이 영어 실력을 올리자. 다음의 두 가지만 지킨다면 시간 낭비로 끝나는 것이 아닌, 영어 실력으로 이어지는 딴짓을 할 수 있다.

영어 공부용 트위터 계정을 만들자. 트위터를 철저히 영어 환경으로 만드는 것이 중요하다. 아무리 영어 계정을 팔로우한다고 해도 중간중간 한국 유명인이나 연예인 혹은 친구의 한국어 피드가 보이면 자연스레 그쪽에 눈이 더 머물기 마련이다. 그리고 '이것만 볼까?'라며 클릭해서 영영 샛길로 빠져버릴 수도 있다. 이를 방지하기 위해 영어 공부만을 위한 계정을 새로 만들자. 여기서 팁이 하나 있다. 트위터에 새 계정을 만들 때 스팸 메일용으로 만들었던 새 이메일 주소를 사용하는 것이다. 번거로움도 줄일 수 있고 동시에 내 메일함은 원어민 영어로 쓰인 뉴스레터, 내 트위터는 원어민 영어로 쓰인 피드로 가득할 것이다. 그 상태에서 당분간 새로 만든 트위터 계정을 제외한 타 SNS 앱을 삭제하자. 딴짓할 통로를 스팸 메일과 트위터만 남겨두는 것이다.

하루 세 번이면 충분하다. 앞서 스팸 메일을 소개하며 매일 하는 행동 혹은 매일 마주하는 상황과 스팸 메일을 열어보는 행위를 묶어서 좋은 습관을 하나 만들어보자고 했다. 여기서 또 하나의 좋은 습관을 제안하려고 한다. 하루 세 번, 트위터를 통해 원어민 영어로 쓰인 미국인들의 생각과 감정을 염탐하자. 이 하루 세 번을 구체적으로 정할수록 습관을 형성하기에 좋다. 본인의 하루를 생각해보자. 주로 언제 SNS를 열어보는가? 그중 세 번을 트위터를 열어보는 시간으로 정하자. 사실 타인의 근황이나 일상 혹은 한국 연예인의 가십거리는 안 봐도 그만 아닌가? 아니, 오히려 보지 않는 것이 나을 때도 있다. SNS로 타인의 일상을 들여다보는 것은 재미와 자괴감 사이를 아슬아슬하게 줄타기하는 행위이기 때문이다.

나는 주로 번역을 하다가 잠시 머리를 식힐 때, 출근 버스와 퇴근길 지하철을 타자마자 스마트폰을 열어 이런저런 앱들을 열어보곤 한다. 그래서 나는 이 시간을 트위터용 시간으로 정했다. SNS를 열어 타인의 일상을 염탐하던 시간을 원어민 영어를 염탐하는 시간으로 대체한 것이다. 영어 환경을 만드는 것은 사실 그리 어려운 일이 아니다. 지금의 내 환경을 최대한 활용하여 영어를 보고, 듣고, 느끼고, 쓰는 환경으로 만들면 된다. 재차 강조하지만, 영어 공부를 위해 따로 시간을 내지 말자. 오히려 영어 공부를 길게 하고 싶다면 따로 시간을 내어서는 안 된다. 영어 공부를 해야지라고 마음먹는 순간 영어는 해야 할 일, 하지 않으면 안 되는 일, 스트레스, 의무, 공부가 되고 그렇게 되면 영어 공부를 하기 싫어서 다른 딴짓을 하고 싶어지기 때문이다.

얼마 전, 청바지를 사러 가기 위해 엄마와 지하철을 탔다. 자리에 앉아 주위를 두리번거리시던 엄마는 나에게 이렇게 물어보셨다. "젊은 사람들은 휴대폰으로 뭘 저렇게 열심히 보는 거니?" 그 질문을 듣고 주변을 돌아보니 하나같이 손에 쥔 스마트폰 화면에 푹 빠져 있었다. 그들의 화면을 일일이 확인할 수는 없었지만, 엄지손가락으로 화면을 쓱 하고 올리고서 한참을 보다가 또 올리는 걸 반복하는 것을 보니 인터넷 기사혹은 SNS를 보고 있는 듯했다. 그리고 궁금해졌다. '저들 중에도 영어를 잘하고 싶은 마음을 안고 있는 사람이 있지 않을까? 지하철에서는 SNS를 구경하고 영어 학원에 앉아서 혹은 인터넷 강의를 위해 PC 앞에 앉아서 몇 시간씩 지겨운 시간을 보내고 있지는 않을까? 그리고 그 시간이 지겨워서 딴짓을 하고 있지는 않을까?'

우리는 무엇을 하든 한숨 돌릴 곳, 우리의 일상에서 잠시 벗어나 숨쉴 공간이 필요하다. 내가 시험 기간만 되면 책상 모서리에 열심히 낙서했듯 우리는 현재의 지겨움에서 탈피할 통로가 필요하다. 그리고 이때우리는 딴짓을 한다. 스릴 넘치고 재미있으며 의외로 높은 집중력을 보여주는 딴짓의 어마어마한 힘을 그냥 흘려보내지 말자. 딴짓을 영어로하자. 이 시대의 공식적인 딴짓인 SNS에 익숙한 우리 모두에게, 한눈을 팔고 싶을 때 영어를 만나는 최적의 방법은 바로 딴짓을 하고싶을 때트위터를 여는 것이다.

3

트위터 초간단 활용법

원어민력은 그리 멀리 있지 않다. 재차 강조하지만 높은 원어민력은 우리가 모르는 단어에서 나오는 것이 아니다. 우리가 이미 알고 있는 단어를 어떻게 사용하는가, 얼마나 한국식 사고에서 벗어났는가에 달려있다. 우리는 한국어 원어민이기에 한국어에는 전혀 문제가 없다. 또 감사하게도 중고등학교에서 영어를 암기과목처럼 배웠기에 학창시절에 열심히 영어 공부를 했건 하지 않았건 귀동냥으로 들은 기본적인 문법과 단어가 이미 우리 안에 쌓여 있다.

그 정도의 문법과 단어면 충분하다. 이제부터는 새로운 단어와 표현을 늘리는 대신 원어민식으로 사고하는 습관을 기르고 이미 아는 단어를 원어민스럽게 배열하고 사용하는 작업을 하면 된다. 우리는 지금, 이 순간부터 재미와 자괴감 사이를 아슬아슬하게 오가는 기존의 SNS는 잊을 것이다. 대신 영어로 SNS를 하기 시작한다.

영어로 일기나 짧은 글을 쓰고 원어민에게 첨삭 받는 영어 공부법을 들어보았을 것이다. 영어 쓰기 연습도 해보고 스스로 쓴 영어에 대한 정답을 받아보며 자신의 영어와 원어민 영어의 차이를 줄이기 위한 공부법이다. 이 방법도 영어 공부의 특정 단계에서는 분명 도움이 된다. 하지만 나는 돈이 들지 않고 다른 이의 도움을 받지 않아도 되는 영어 공부법을 선호한다. 지금 우리의 단계 즉 원어민력을 높이고자 막 마음먹은 단계에서 쓸 수 있는 더 좋은 방법이 여기 있다. 바로 정답인 원어민 영어를 안전장치로 두고 영어를 쓰기 시작하는 것이다.

구글 영어와 스팸 메일 활용법에서도 원어민 영어를 발판 삼아 영어를 써보는 훈련을 소개했다. 여기서는 원어민 영어를 마치 내가 쓴 영어 문장인 양 천연덕스러움을 조금 보탤 것이다.

Step 1 | 정해진 순간 트위터를 연다

SNS를 가장 많이 열어보는 3가지 순간을 다들 정했을 것이다. 트위터를 열어 먹잇감을 찾아보자.

Step 2 | 쉬워 보이는 문장을 고른다

스팸 메일 활용법과 마찬가지다. 트위터는 스팸 메일보다는 비공식적인 개인 SNS이기 때문에 유행어나 슬랭이 더 많을 수 있다. 하지만 이에 주눅 들지 말고 어려운 단어나 표현 혹은 독해가 필요할 만한 문장 등 어렵게 느껴지는 문장은 건너뛰자. 보자마자 무슨 뜻인지 이해할 수 있는 나에게 쉬워 보이는 문장을 고르자. 아래는 내가 고른 문장이다. 피드 하나에 있는 문장들 중 하나의 문장, 하나의 표현이면 충분하다.

"I've never met a gay person who regretted coming out — including myself."

Step 3 | 리트윗하자

원하는 문장을 찾은 후에는 그 피드를 리트윗하자. 내 트위터로 퍼오기 하는 것이다. 리트윗하는 법은 간단하다. 빨간색으로 표시된 부분을 누르면 보이는 바와 같이 리트윗 버튼이 나온다.

Step 4 **직독직해**

내 계정으로 가서 방금 리트윗한 피드 속 문장을 직독직해해 본다.
"I've never met 나는 만나 본 적이 없다. / a gay person 게이를 / who
regretted 어떤 게이냐면 후회하는 게이다. / coming out 커밍아웃한 것
을 후회하는 게이 말이다. / including myself 나 자신도 포함해서."

Step 5 **음미하며 다듬기**

직독직해를 한 후에는 자연스러운 한국어로 다듬어본다. "나는 커밍

아웃을 하고 후회한 게이를 본 적이 없다. 나 자신도 그렇고 말이다."로 한 번 다듬고 "커밍아웃을 하면 절대 후회하지 않는다. 나도 그렇다.", "커밍아웃 한 사람치고 후회한 사람을 못 봤어. 나도 그렇고 말이야." 이렇게 계속 다듬어 가다 보면 자연스러운 한국어가 나온다.

Step 6 │ 나만의 문장 만들기

"~한 사람치고 후회하는 사람을 못 봤어."라는 표현이 나왔다. 이제는 이 표현을 활용해서 나만의 문장을 만드는 것이다. 구글을 활용해서 원하는 표현을 찾을 때, 육하원칙을 활용하라고 했었다. 여기서도 육하원칙을 활용해서 나만의 문장을 만들어보자. 단, 육하원칙 중 '무엇을'은 정해져 있다. 바로 이 문장이다. 누가, 언제, 어디서, 이 문장을(즉, 무엇을), 어떻게, 왜 쓸 것인가를 생각해보자. 나는 이렇게 생각해냈다.

내가(누가), 친구에게 무언가를 추천할 때(언제), 화장품 매장에서(어디서), 이 문장을(무엇을), 확신에 차서(어떻게), 친구가 눈앞에 보이는 제품을 사도록 하기 위해(왜) 쓰려고 한다. 그래서 내가 만든 문장은 "이 립스틱 산 사람 치고 후회하는 걸 본 적이 없어. 나도 후회 안 해!"다.

Step 7 │ 이미지 고르기

앞서 천연덕스러움을 조금 더해보자고 이야기했었다. 그래서 내가 정말 하고 싶은 말을 올리는 것 같이 보이기 위해 이미지를 함께 올릴 것이다. 구글을 열어 내 문장과 어울릴 만한 이미지를 검색해보자. 나는 립스틱 사진을 함께 올리려 한다.

Step 8 | 트위터에 게시글을 작성하자

내가 만든 문장은 매번 바로 트위터에 올리자. 내가 진짜 이 이야기를 SNS를 통해서 한다고 생각하고 내 말투를 적극적으로 반영하여 한국어를 쓰자. 최대한 천연덕스럽게, 자연스럽게 올리자. 한국어 밑에는 이에 해당하는 영어 문장을 쓰자.

한국어: 이 립스틱 산 사람치고 후회한 사람 한 명도 못봤음. 물론 나도 포함.
English: I've never met a person who regretted buying this lipstick, including myself!
(Image source: google)

구글에서 가져온 이미지를 사용했으니 이미지 출처도 밝혀주자. 영어로 게시물을 올릴 때의 그 짜릿함이란 해보지 않으면 모를 것이다. 여기서 중요한 게 있다. 트위터를 한 번 열 때마다 반드시 이렇게 피드를 하나씩 올리자. 이 법칙이 있어야만 하나하나의 피드를 더 유심히 본다. 그렇지 않으면 평소 SNS를 보듯이 무심히 넘기고 끝난다. 이제 하루에 세 번 트위터를 열 때마다 영어로 피드를 올리는 습관을 더하자. 그럼 하루에 원어민 영어로 3발짝씩 다가갈 수 있다. 하루에 3발짝, 일주일에 21발짝, 한 달이면 100발짝 가까이 원어민 영어에 더 다가간다.

트위터/인스타그램으로 복습하기

구글과 스팸 메일을 통해 찾은 표현도 위의 방법으로 트위터에 올리자. 이 때, 영어용 인스타그램도 만들었다면 인스타그램에 올려도 좋다. 내가 찾은 표현을 다시 한번 복습할 수도 있고 나만의 영어 표현 히스토리를 남길 수 있어 좋다. 트위터 계정에 내가 찾은 표현들이 다 저장되어있기 때문에 시간이 지나도 나만의 표현들을 계속 볼 수 있다. 내가 올린 피드를 예시로 한번 보자.

'호호 불어 마시다: gently blow air on'이라는 표현을 구글을 통해 찾은 후, 트위터에 올린 피드다.

한국어: 뜨거운 차는 호호 불어 식혀 드세요.
ENG: Gently blow air on your hot drink to
cool down some.

(image source: wikihow)
#learnkorean #koreaninterpreter
#koreanlanguage

'소화하다: pull it off'라는 뜻임을 스팸 메일을 통해 알게 된 후 트위터에 올린 피드다.

한국어: 너무 아름다운 드레스. 내가 소화할 수 있을까? :)
English: What a beautiful dress!! Can I pull it off?

#Korean #LearnKorean #interpreter

'톡톡 쳐서 나머지 부분을 털어내다: tap off the excess'라는 뜻임을 스팸 메일을 통해 알게 된 후 트위터에 올린 피드다.

한국어: 볼터치를 바르기 전에 붓을 톡톡쳐서 가루를 털어내세요!

ENG: Tap off the excess before applying it on your cheek.

thrivecausemetics.com

Blush + Brush Set – Thrive Causemetics

이렇게 구글, 스팸 메일, 트위터를 유기적으로 적극 활용하자!

4

오늘은 누구를 팔로우(follow) 할까?

트위터는 누구나 쉽게 사용할 수 있다. 이는 장점이기도 하지만 단점이기도 하다. 그만큼 주의해서 활용해야 한다는 뜻이기 때문이다. 특히 우리에게는 트위터에서 올라오는 하나하나의 피드가 영어 교재가 되는 셈이기에 더욱더 그렇다. 그렇기에 팔로우하는 계정을 잘 선별해야 한다.

일반적으로 SNS를 처음 시작할 때는 친구와 지인부터 팔로우해 나간다. 하지만 우리의 트위터 계정은 영어 공부용이므로 누구를 팔로우해야 할지 막막할 것이다. 나도 그랬다. 미국인 친구가 있는 것도 아니고 미국 유명인을 많이 아는 것도 아니기에 처음 영어 공부용 트위터 계정을 만든 후 검색 버튼을 누르고 한참을 멍하니 있었다. 맨땅에 헤딩하듯이 이런저런 방법으로 검색해서 팔로우와 언팔로우를 해나갔다. 그러다 보니 '누구를 팔로우하고 언팔로우할 것인가?'에 대한 가이드라인이 생겼다. 지금 바로 이 가이드라인을 소개하려 한다. 하지만 이는 어디까지나 영어 공부를 위해 트위터 계정을 만들고 나만의 트위터 교재를 선별하는 첫 과정에 참고할 수 있는 가이드라인이지 정답은 아니다. 철저히 개인의 취향에 따라 다양하게 응용해도 좋다.

가이드라인은 처음 트위터 계정을 만든 후 누구를 팔로우할지에 대한 아이디어와 팔로우를 취소하는 기준으로 이루어져 있다. 본격적으로 시작하기 전에 우선 트위터 앱을 다운로드 한 후 스팸 메일 신청 시 만든 새 이메일 계정으로 트위터에 가입하기 바란다.

Step 1 │ 누구를 팔로우(follow)할 것인가?

트위터는 하나의 계정을 팔로우하면 비슷하거나 관련 있는 계정을 바로 추천해 준다. 그렇기에 첫 물꼬만 트면 팔로우할 계정은 우후죽순으로 생겨난다. Step 1에서는 첫 물꼬를 틀 수 있는 검색 아이디어를 제공하려 한다. 검색 후에는 '사용자' 탭을 클릭하는 것이 가장 정확하다. 아, 당연한 이야기지만 영어로 검색하길!

이 단계에서는 최대한 많은 계정을 팔로우하는 것이 중요하다. Step 2에서 우리의 목적에 맞게 남겨둘 계정을 선별할 것이다. 그런데 선별 전에 후보가 너무 적으면 남는 계정이 별로 없을 수 있으니 이 단계에서는 후보 계정을 많이 확보해두자.

뉴스레터를 신청한 잡지사 내 취향의 잡지사를 한 번 더 활용하자. 스팸 메일 편에서 신청한 관심 있는 주제의 top 10 잡지사들은 유명 잡지사이기에 대부분 트위터 계정도 갖고 있다. 트위터에서 뉴스레터를 신청한 잡지사명을 검색하여 팔로우하자.

미국 유명인 미국의 전/현직 대통령, 앵커, 미국 유명 브랜드의 CEO, 영화감독, 베스트셀러 작가, 할리우드 배우, 가수, 스포츠 선수 등이 있다. 미국 백악관 홈페이지(www.whitehouse.gov)에 들어가서 The Administration란을 보면 현재 미국 정부 인사들을 볼 수 있으며 전/현직 대통령과 영부인도 모두 나와 있다. 내가 좋아하는 영화나 미드의 주인공, 최근 좋다고 생각했던 노래의 가수, 스포츠를 좋아한다면 스포츠 선수도 좋다. 하지만 개인적으로는 연예인보다 기업인, 작가, 앵커, 미국 대통령, 정부 인사 등을 더 추천한다. 이유는 step 2에서 이야기하겠다.

별자리 별자리나 오늘의 운세에 관심 있는 이들이라면 본인, 연인, 가족, 가까운 친구의 별자리를 검색해서 팔로우해 보자. 각 별자리를 영어로 검색하면 많은 계정을 볼 수 있다. 별자리별 오늘의 운세와 특징에서는 상황이나 성격을 묘사하는 영어표현을 볼 수 있어 좋다.

구글에서 추천받기 이 또한 스팸 메일 편과 마찬가지다. 이번에는 구글에서 "most popular twitter accounts in America" 혹은 "most followed twitter accounts in America"라고 검색하여 결과를 참고하자. 외에도 "American CEO", "America's best-selling authors"로 검색해서 아이디어를 얻을 수도 있다. 구글로 미국 유명인들을 직접 검색해서 팔로우할 대상을 찾아보자.

포브스 선정 올해의 인물! 포브스(forbes) 선정 100명의 부자, 포브스 선정 올해의 인물 등의 말을 많이 들어보았을 것이다. 구글에 "the world's most powerful people"이라고 검색하거나 American influencer라고 검색하고 포브스에서 제공하는 페이지에 들어가서 트위터에서 팔로우하고 싶은 이를 찾아보자.

트위터에서 추천받기 계정을 팔로우하기 시작하면 '팔로우 추천'이 피드 중간에 나타난다. 내가 팔로우한 계정이 팔로우하는 계정이나 내가 팔로우한 계정과 비슷한 계정, 혹은 인기 계정을 추천해 준다. 이 부분을 참고해서 팔로우해도 좋다.

Step 2 │ 누구를 언팔로우(unfollow, 팔로우 취소)할 것인가?

이제 Step 1에서 팔로우한 많은 계정 중 우리의 목적에 맞지 않는 계정을 언팔로우할 것이다. 이를 위해서는 기준이 필요하다.

미국 혹은 영국 계정이 아닌 경우 유명인 중에서도 미국 출신이 아닌 이들이 있다. 이런 경우, 나는 팔로우하지 않는다. 앞서 이야기했듯이 트위터 계정 하나하나는 우리에게 영어 교재와 다름없기 때문에 까다롭게 선정하는 것이 좋다. 다양한 영어 사용권 국가 중에서도 미국을 강조하는 이유는 미국 영어가 우리 한국인에게 가장 익숙하기에 원어민력을 높이는 시작점으로 가장 무난하다고 생각하기 때문이다. 내가 고른 유명인이 미국인인지 확실히 모르겠다면 우리나라 포털 검색 사이트에서 이름을 검색한 후, 출신 국가가 미국인지 보면 된다.

가독성이 나쁜 계정. 피드에 링크, 해시태그가 너무 많은 계정. 철저히 개인 취향이지만 나는 가독성을 매우 중요하게 생각한다. 트위터는 글자 수 제한이 있기에 유저들이 피드에 링크를 걸어 두는 경우가 많다. 또 해시태그를 통한 검색이 많이 이루어지는 매체이기에 피드 내에서 해시태그도 많이 볼 수 있다. 그런데 링크나 해시태그가 너무 많으면 가독성이 떨어지고 이와 함께 집중력도 흐트러진다. 대부분 이런 피드에서는 얻어갈 수 있는 영어표현을 찾아보기도 힘들다.

비속어, 은어, 유행어, 줄임말이 많은 계정. step 1에서 배우, 가수, 스포츠 선수보다는 기업인, 정치인, 앵커 등을 팔로우하는 것을 더 추천한다고 한 이유가 바로 이 기준 때문이다. 10대 연예인은 유행어와 은어를 많이 쓰거나 본인의 사진과 함께 해시태그만 잔뜩 써놓는 경우가 많다.

흑인 래퍼들은 흑인 특유의 줄임말과 단어를 많이 사용하는 경우가 많다. 반면 정치인이나 기업인은 본인의 체면과 영향력을 고려해서 트위터에서도 정제된 언어를 쓰는 경향이 있으며 올리는 주제도 흥미롭고 유익하다.

원어민력이 적당히 높아진 후에는 은어, 유행어, 비속어들도 알면 영어 실력에 플러스 요인이 될 수 있지만, 굳이 지금 단계에서부터 알 필요는 없다. 하지만 비속어, 유행어 등을 구분하는 게 지금은 어려울 수 있으니 처음부터 그런 언어를 쓸 만한 10대 연예인, 흑인 래퍼 그리고 반항적인 이미지의 연예인들은 팔로우하지 않는 것이 예방 차원에서 좋다.

리트윗(퍼 오기)만 하는 계정 트위터 계정을 만들어 두고 여기저기서 본인의 이름을 태그한 피드 혹은 관심 있는 피드를 리트윗(퍼 오기)해두는 용도로만 쓰는 계정도 많이 있다. 이 경우는 직접 소통한다는 느낌이 들지 않기에 추천하지 않는다.

광고, 홍보 목적의 계정 광고, 홍보 문구에서도 배울 만한 영어들이 많이 있지만, 광고만 올리는 피드를 계속 보다 보면 재미있다는 느낌 대신 지루함을 느끼고 만다.

4장

———

구글 영어 실전연습
WORKBOOK

1

구글 편

띠리링, 월요일 아침. 출근하기가 무섭게 미자 씨의 메신저가 깜빡인다.

순애: 너희 팀에 오늘부터 미국인 팀장님이 오신다며?
미자: 뭐?? 무슨 소리야? 처음 듣는 소린데?

올해 미국계 회사에 인수된 미자 씨 회사에는 최근 들어 많은 변화가 일어나고 있다. 이번 달부터 미국인 팀장들이 속속들이 미자 씨 회사에 도착하고 있는 것이다. 해외 쪽과 관계없는 부서라 괜찮을 거라 생각했는데 결국 미자 씨 팀에도 미국인 팀장이 온다고 한다. 영어와 담쌓고 지낸 미자 씨는 머리가 복잡해진다. 순간, 달라진 공기가 느껴진다.

구글 대리: 안녕하세요?

미자: 네, 안녕하세요?

구글: 구글 대리라고 합니다. 오늘부터 미국인 팀장님이 출근하시는
데 영어로 소통이 원활하지 못할 것을 우려해 본사에서 저를
보냈습니다. 스팸 대리 그리고 트위터 대리도 올 거예요.

미자: 너무 다행이네요… 잘 부탁 드립니다.

구글: 네, 그런데 안타깝게도 오늘부터 본사로부터 사내에서의 한영
사전과 번역기 사용 금지령이 내려왔어요. 앞으로 모르는 표
현이 생기거나 비슷해 보이는 두 단어 혹은 두 표현을 비교해
볼 때, 그리고 지금 당장 하고 싶은 말이 영어로 뭔지 모를 때
는 사전과 번역기 대신 저 구글 대리를 찾으시면 됩니다. 영어
사전이 허용되는 예외 상황은 때가 오면 말씀드릴게요.

미자: 네, 사전과 번역기 없이는 영어를 해본 적이 없어 걱정이지만
대리님만 믿을게요!

　　이 책의 마지막 관문이다. 지금까지 나온 영어 공부 방법들을 직접
경험해볼 기회다. 어느 날 갑자기 미국인 상사와 일하게 된 미자 씨와
함께 시작해보자. 구글, 스팸 메일, 트위터가 함께 간다.

Day 1. 단어는 쉬운데 모르는 표현 찾기

미자: 대리님, people person이 도대체 무슨 뜻이에요?

구글: 갑자기 왜요?

미자: 팀장님이 오늘 점심시간에 저에게 "Are you a people person?"
이라고 묻더라고요. 무슨 뜻이에요? 당신은 사람들 사람이냐니?

구글: 그래서 뭐라고 하셨어요?

미자: 그냥 웃어넘겼죠 뭐.

구글: 자, 분명 팀장님이 사용한 문장에 모르는 단어는 없는데 그 문
장이 무슨 뜻인지는 모르겠죠? 그건 미자 씨가 아직 미국인들
과 많이 부딪혀보지 않아서 원어민력이 낮기 때문이에요. 그
럴 땐 궁금한 표현을 큰따옴표 안에 넣어서 구글에서 검색해
보세요. 그리고 이미지 결과를 보며 무슨 뜻일지 추측해보세
요. 그래도 모르겠으면 people person meaning이라고 다시 검
색하고 전체검색 결과를 보세요.

미자: 영어표현을 모르는데 영어로 뜻을 알아보라니! 너무 가혹한
거 아니에요?

구글: 이미지를 먼저 보세요. 그럼 대충 느낌이 올 겁니다. 그 상태에
서 전체검색 결과에서 영어로 풀어놓은 설명을 보면 더 감이
빨리 올 거고요. 그리고 그 표현을 한국어로 뭐라고 하면 좋을
지 미자 씨 스스로 찾아보세요. 아, 구글은 국가는 미국, 언어
는 영어로 설정하시고요!

✩ People person은 무슨 뜻일까?

구글을 활용해 알아보자. 답은 이 장의 마지막에 공개된다.

Day 2. 전치사로 인해 달라지는 뜻 비교해보기

미자: 미치겠어요.

구글: 왜요?

미자: 팀장님이 방금 메일을 보내셨네요. 개인적으로 사람을 좀 뽑
으시려나 봐요. 그런데 제가 정확히 이해하지 못하는 부분이
있어요. "I'm looking for a person who can look after my mom
during weekdays." Look이라는 단어는 알겠는데 Look for 그리
고 look after가 정확히 무슨 뜻이죠? 무슨 차이가 있나요?

구글: 흠… look이라는 단어 뒤에 붙은 전치사로 인해 뜻이 달라졌네
요. 이 또한 아주 쉬워요. 구글을 열고 "look for" vs "look after"
를 넣어서 이미지를 한번 보세요. 그럼 감이 올 거예요. 그리고
감이 오면 "look for"와 "look after"를 각각 넣어서 따로 이미지
를 보세요. 여기서도 물론 이미지만으로 이해가 되지 않으면 전
체검색 결과를 보시고요.

✩ Look after와 look for는 각각 어떤 뜻이고 어떻게 다른가?

스스로 찾아보자. 답은 이 장의 마지막에 공개된다.

Day 3. 영어로 알고 싶은 일상 속 표현 찾기

미자: 대리님이 어제 선물 주신 오렌지 모양 립밤 있잖아요.

구글: 네

미자: 팀장님이 오늘 오전에 제 자리를 지나가시다가 그걸 보시곤 이건 언제 바르냐는 거예요.

구글: 네, 입술이 텄을 때 바른다고 하면 되겠네요.

미자: 그렇죠… 그런데 입술이 트다가 영어로 뭔지 모르겠더라고요.

구글: 아! 구글로 해결할 수 있는 문제예요. 미자 씨! 입술이 트는 장면을 육하원칙에 따라서 저에게 한번 설명해주세요.

미자: 육하원칙이 다 들어가야 하나요?

구글: 아니요, 중요하지 않은 건 건너뛰어도 됩니다.

미자: 음, 한번 해볼게요. 입술이 튼 상황을 생각해볼게요. 우선, '누가'는 중요하지 않고, '언제'는 겨울! '어디서'도 중요하지 않은 것 같아요. '무엇'은 입술이고요, '어떻게'는 트다, 제가 알고 싶은 표현이네요? '왜'는 아마도 건조해서 아닐까요?

구글: 그렇죠! 그거면 충분하겠네요. 이 경우처럼 육하원칙 안에 내가 찾고자 하는 표현이 들어있을 수도 있어요. 이럴 때는 찾고자 하는 표현을 제외한 다른 육하원칙에 해당하는 단어들이 키워드의 후보랍니다. 자, 지금 겨울, 입술, 건조한 이렇게 세 가지가 나왔어요.

육하원칙에 따라 찾고 싶은 표현을 설명해본 후에는 그중에서 가장 중요한 키워드를 두 개에서 세 개 고르시면 됩니다. 한번 골라보실래요? 미자 씨가 지금 찾고자 하는 "입술이 튼"을 표현하는데 가장 중요한 단어가 무엇인가요?

미자: 와, 신기한 방법이네요? 제 생각에는 입술과 겨울이 가장 중요한 것 같아요.

구글: 그럼 그 두 단어가 미자 씨가 찾고 싶은 표현을 찾아 줄 키워드가 되는 거예요. 구글에 영어로 "lips, winter"라고 검색해서 이미지 결과를 보세요. 아마 겨울철, 입술에 관련된 모든 이미지들이 나올 거예요. 그중에 튼 입술 이미지를 찾아보실래요?

미자: 우와, 정말 신기하네요. 이미지에 온통 입술 사진이에요. 제가 말하고자 하는 표현이 이미지로 보이니 신기해요.

구글: 그렇죠? 그 이미지들을 보다가 정확히 겨울철에 건조해서 튼 입술에 해당하는 이미지가 나오면 클릭해 보세요. 그리고 사진 밑이나 옆에 어떤 영어표현이 쓰였는지 한번 보세요. 거기서 답을 찾을 수 있을 거예요. 이 방법은 사전처럼 바로 답이 나오지는 않을 거예요. 키워드를 잘 설정했을 경우에는 한 번에 찾는 경우도 있지만 여러 이미지, 여러 링크를 클릭해야 알 수 있는 경우도 많아요. 하지만 이렇게 내 손으로 궁금한 표현을 찾으면 이 표현을 더 오래 기억할 수 있게 된답니다. 클릭하다 보면 반복되어 나오는 표현이 있을 거예요. 그 표현이 뭔지 한번 찾아보세요.

미자: 네, 찾았어요. Chapped lips라는 표현이 많이 나오네요?

구글: 잘하셨어요. 그럼 이제 확인해볼게요. 이 표현일 것 같다는 후보(chapped lips)가 생겼으니 그 후보를 구글에서 이미지 검색해 보세요.

미자: 우와, 튼 입술 이미지가 가득 나왔어요.

구글: 네! 미자 씨가 제대로 표현을 찾으신 거예요. 혹시 이렇게 했을 때 이미지로는 확신할 수 없다면 전체검색에서 "chapped lips"의 뜻을 설명해둔 페이지를 방문하거나 그 표현이 쓰인 실제 문장들을 보면 알 수 있을 거예요.

☆ 추운 겨울에 밖에 있다가 실내에 들어가면 안경에 김이 서린다. 안경에 '김이 서리다'를 영어로 뭐라고 하면 좋을까?

앞에 나왔던 표를 활용하여 구글에서 찾아보자. 답은 이 장의 마지막에 공개된다.

Day 4. 이럴 땐 사전을 여세요!

미자: 구글 대리님! 어제 영어로 궁금한 표현이 있으면 구글에서 찾아보라고 하셨잖아요.

구글: 네!

미자: 그럼 지질학과는 어떤 키워드를 넣어 찾으면 될까요? 제가 지질학과를 졸업했는데 팀장님께서 제 전공을 여쭤보시더라고요.

구글: 아! 미자 씨. 지질학과처럼 명사 형태는 대부분의 경우, 사전으로 찾는 것이 더 빠르고 정확해요. 어제 우리가 찾아본 '튼 입술'은 입술이 트다. 할 때의 "트다"라는 동사를 찾아본 거잖아요! 영어의 원어민력은 동사에서 판가름 나거든요. 입술, 겨울, 그리고 오늘 미자 씨가 궁금해하는 지질학과는 원어민이든 아니든 관계없이 사전에 나온 정해진 단어를 쓰는 것이지요? 이런 것까지 구글로 찾으실 필요는 없어요. 동사는 구글로! 명사는 사전으로! 명심하세요!

미자: 네, 너무 감사해요. 대리님 이제 본사로 가신다면서요?

구글: 네, 전 이제 본사로 가고 스팸 대리가 내일부터 미자 씨를 도와 드릴 거예요. 제가 본사로 간다고 없어지는 게 아닙니다. 스팸 대리와 또 그다음에 올 트위터 대리와 영어 공부를 해나가면서도 매일 한 번은 꼭 저를 찾아서 구글을 활용해주세요! 마지막으로 퀴즈 하나 내고 갈게요! 맞춰보세요.

☆ 다음 단어 중 구글보다 사전으로 찾아야 하는 건 뭘까요?

아이 머리를 쓰다듬다.

마스카라가 번지다.

용암

강아지가 소변볼 때 다리를 든다.

답은 이 장의 마지막에 공개된다.

☆ People person은 무슨 뜻일까요?

1) 구글에서 "people person"을 검색하여 이미지 결과 보기

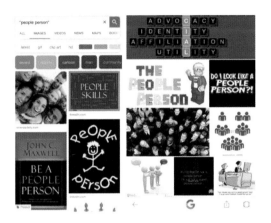

2) 이 이미지들의 공통점이 무엇인지 무슨 뜻을 담고 있는지 생각해 보기

　사람들과 어깨동무를 하고 웃는 장면, 많은 사람들과 모여서 웃고 있는 장면이 많이 나온다. 사무실도 나오고 social이라는 단어도 보인다. 사람들과 잘 어울려서 지내는 것을 이야기하나?

3) 전체 이미지를 보고 뜻을 짐작한 뒤, 몇몇 이미지를 클릭하여 짐작한 뜻이 맞는지 다시 한번 보자

wikihow.com
3 Ways to Be a People Person - wikiHow
Image titled Be a People Person Step 2

인상 쓰며 손을 드는 것이 아니라 웃으며 손을 들고 있다. 밑의 제목에는 people person이 되는 3가지 방법이라고 나와 있다. 적극적으로 참여하는 느낌도 포함하고 있는 듯하다.

4) 이미지들을 보고 뜻을 짐작한 뒤, "people person" meaning을 검색해서 전체검색 결과를 본다. 몇 개를 클릭해서 뜻을 읽어본다.

사람들과 쉽게 친해지고 사교성 있는 사람. 사람들을 만나 사람들과 함께 있고 이야기하는 것을 좋아하는 즉, '사람들과 어울리기 좋아하는 사람'이다.

☆ Look after 와 look for는 각각 어떤 뜻이고 어떻게 다른가요?

1) 구글에서 "look after"를 검색하여 이미지 결과 보기

2) 이 이미지들의 공통점이 무엇인지 무슨 뜻을 담고 있는지 생각해 보기

아이와 노인, 아픈 사람과 강아지를 간호하는 뜻인 것 같다.

3) 전체 이미지를 보고 뜻을 짐작한 뒤, 이미지 몇 개를 클릭해서 짐작한 뜻이 맞는지 다시 한번 본다.

alternet.org
The Shockingly Low Wages We Pay People Who Look
After the Elderly ...
The Shockingly Low Wages We Pay People Who Look After
the Elderly

womentriangle.com
It's So Important To Look After Your Health When
You're
Why It's So Important To Look After Your Health When You're
Young

첫 번째 이미지 밑에는 '노인을 돌봐주는 이들에게 충격적일 정도로 낮은 임금을 주고 있다.'라고 쓰여 있다. 두 번째 이미지 밑에는 '젊을 때 여러분의 건강을 돌보는 것은 중요하다.'라고 되어있다.

4) 이미지들을 보고 대략 뜻을 짐작한 뒤, "look after" meaning을 검색해서 전체검색 결과를 본다.

look after

1. phrasal verb

If you look after someone or something, you do what is necessary to keep them healthy, safe, or in good condition.

I love looking after the children.

look after는 누군가를 돌보다, 보살피다, 간호하다는 뜻이다.

1) 구글에서 "look for"를 검색하여 이미지 결과 보기

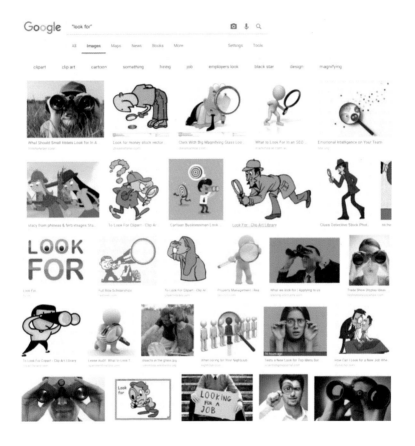

2) 이 이미지들의 공통점이 무엇인지, 무슨 뜻을 담고 있는지 생각
해보기

무언가를 찾고 있는 이미지가 많다.

3) 전체 이미지를 보고 뜻을 짐작한 뒤, 이미지 몇 개를 클릭해서 짐작한 뜻이 맞는지 다시 한번 본다.

이미지 옆에 "11월이 새 직장을 '찾기'에 완벽한 달인가"라고 쓰여 있다.

4) 이미지들을 보고 대략 뜻을 짐작한 뒤, "look for" meaning을 검색해서 전체검색 결과를 본다.

look for somebody/something

From Longman Dictionary of Contemporary English

look for somebody/something   phrasal verb

1 to try to find something that you have lost, or someone who is not where they should be **SYN** search for

◁» I'm looking for Steve – have you seen him?

◁» Detectives are still looking for the escaped prisoner.

→ search²(1)

2 **be looking for somebody/something** to be trying to find a particular kind of thing or person

◁» I'm sorry, we're really looking for someone with no family commitments.

be (just) what/who you are looking for

◁» 'Salubrious'! That's just the word I was looking for.

(출처: https://www.ldoceonline.com/dictionary/)

270

1. 잃어버린 무언가 혹은 있어야 할 자리에 없는 누군가를 찾다.

2. 특정 물건이나 사람을 구하기 위해 찾는다.

look for는 찾다, 구하다란 뜻이다.

☆ 안경에 "김이 서리다"를 영어로 뭐라고 하면 좋을지 키워드를 활용해서 찾아보자.

Step 1 **내가 지금 당장 하고 싶은 이 말, 원어민은 뭐라고 말할까?**

(1)	무슨 말을 찾고 싶은가?
	김이 서리다
찾고 싶은 말을 적어보세요	

(2)	육하원칙으로 찾고자 하는 표현 묘사하기
Tip	찾고자 하는 표현을 사용하지 않고 그 표현을 묘사하자.
찾고 싶은 말을 적어보세요	그 표현으로 말할 것 같으면, 누가: X 언제: 겨울에, winter 어디서: 실내에서, inside 무엇을: 안경에, glasses 어떻게: 김이 서리다 → 찾고자 하는 표현 왜: X 하는 것이다. 즉, 한 문장으로: 겨울에 실내에서 안경에 김이 서리는 것이다.
(3)	(2)에서 정한 한 문장에서 가장 중요한 키워드 2~3개를 고르자.
고른 키워드를 적어보세요	(한글) 겨울, 실내, 안경 (영어) winter, inside, glasses
(4)	큰따옴표(" ") 안에 고른 키워드를 영어로 넣어 구글에서 검색하자.(단어 사이에 쉼표(,) 넣기)

구글 자동완성 기능을 적극 활용하라

Tip	검색어를 넣어가는 과정에서 밑에 자동완성 되는 추천 검색 어들을 눈여겨보자

가장 광범위한 검색, 이미지

(5)	이미지 결과 보기

(6)	내가 찾고자 하는 표현을 보여주는 이미지들이 있는가? Yes → 7번으로 No → 2번으로 돌아가서 다른 육하원칙을 써보자.

273

(7)	찾는 표현에 가까운 이미지를 클릭하여 제목을 눈여겨보자. "fog up"이 후보가 될 만한 표현인 듯하다.
(7-1)	필요시, 제목을 클릭하여 해당 페이지로 이동한다.
(7-2)	페이지에서 ctrl+f를 눌러서 생각해낸 키워드(혹은 예상되는 정답)를 검색 키워드를 중심으로 주변 문장들을 읽어보자. 답 혹은 단서가 될 만한 표현이 있을 확률이 높다.
(7-3)	여러 이미지로 7번을 반복하다 보면 강력한 후보가 될 만한 표현이 아! 하고 나타난다.
후보를 적어보세요	fog up

따옴표에 넣어 한 번 더 확인

(8)	그 표현을 큰따옴표 (" ") 사이에 넣어 구글에서 검색한다.
(9)	내가 찾은 원어민 표현을 검증해보자

(2) 전체 결과를 클릭
검색 결과 수 확인

(3) 첫 페이지에 한국, 중국, 유럽의 일부 국가 등 비영어권 국가의 사이트가 뜨지 않는지 확인

(10)	내가 손으로 찾은 원어민 표현을 적어보자
내가 찾은 표현을 적어보세요	안경에 김이 서리다 glasses fog up

⌂ 사전으로 바로 찾아보면 되는 건 뭘까요?

용암. 명사는 사전으로! 동사는 구글로!

②

스팸 메일 편

Day 1. 좋아하는 주제 정하기

미자: 스팸 대리님, 이거 좀 드셔보세요! 어제 잠이 안 와서 만들었어요.

스팸 대리: 우와! 쿠키네요. 정말 맛있어요. 그런데 미자 씨가 직접 만들었다고요?

미자: 네! 제가 요리에 관심이 많거든요. 혼자 산 지 10년 차인데 다른 사람들은 밥해 먹는 게 고민이라는데 저는 재미있더라고요. 새로운 레시피가 나오면 꼭 따라 해본답니다.

스팸: 오! 미자 씨! 저 지금 미자 씨에게 딱 맞는 영어 공부법이 떠올랐어요. 미자 씨는 지금 미국인 팀장님과 하루빨리 영어로 소통하고 싶고 요리하는 걸 정말 좋아하잖아요!

미자: 네, 그렇죠. 그런데 요리를 좋아하는 것이 영어 공부와 관련이

있나요?

스팸: 그럼요! 제가 자동차를 좋아하는데 차와 관련된 영어잡지를 즐겨 보다가 영어를 잘하게 되었거든요. 제가 스팸 대리인 이유도 각종 자동차 잡지사에서 받아보는 스팸 메일로 영어 공부를 마스터했기 때문이죠. 지금부터 방법을 알려드릴 테니 한번 해보실래요?

미자: 네!

☆ 본인이 좋아하고 관심 있는 분야를 적어보세요.

Day 2. 습관 만들기

스팸: 그 전에 한 가지 중요한 것이 있어요. 미자 씨가 매일 빼놓지 않고 하는 행동이 무엇인가요?

미자: 매일 하는 행동이요?

스팸: 네, 예를 들면 매일 버스를 한 시간씩 탄다든지, 매일 집 앞 카페에서 커피를 마신다든지 이런 행동들이요.

미자: 음, 한번 생각해볼게요. 아! 집이 지하철역에서 조금 떨어져 있어서 매일 마을버스를 타요.

스팸: 좋아요! 미자 씨 이제 나랑 약속해요. 앞으로는 마을버스를 포함해서 대중교통을 타면 스팸 메일함을 열어본다고요.

미자: 스팸 메일함이요…? 알았어요.

☆ 본인이 매일 하는 행동을 적어보세요.

Day 3. 새로운 이메일 계정 만들기

스팸: 이제 이메일 계정을 하나 만들 거예요.

미자: 왜요? 저 이메일 주소 있어요! 설마 이메일 주소 하나도 없다고 생각하시는 거예요?

스팸: 아니요, 스팸 메일 그리고 뒤에 트위터 대리가 알려줄 트위터 활용법을 위해서 새 이메일 계정을 만드는 거예요. 기존에 쓰던 이메일을 그대로 사용하면 한국어로 된 이메일들과 우리가 신청할 뉴스레터가 섞여서 완벽한 영어 환경을 만들 수 없을 뿐더러 집중도도 낮아지거든요.

미자: 아하! 알았어요!

☆ 새로운 이메일 계정을 만드세요.

Day 4. 스팸 메일 신청하기

스팸: 자, 이제 스팸 메일 구독 신청을 할게요. 무료로 받아보는 뉴스레터이기 때문에 잘 골라야 해요. 그 분야에서 유명한 미국 잡지사에서 스팸 메일을 받아 볼 거예요.

미자: 제가 미국 요리 잡지를 어떻게 알죠?

스팸: 구글을 열고 top 10 cooking magazines in the US라고 검색해보

세요. 특정 주제와 관계없이 다양한 주제로 찾아보고 싶다면 cooking을 빼고 top 10 magazines in the US라고만 검색해도 되고요.

미자: 우와, 미국에서 유명한 요리 잡지들을 알게 되다니, 설레네요. 여기 나와 있는 모든 사이트에 들어가면 되나요?

스팸: 네, top 10 잡지에는 일단 모두 들어가 보는 걸 추천합니다. 10개의 사이트 중 뉴스레터 신청하는 절차가 너무 까다롭거나 신청란이 없어서 신청하지 못하는 경우도 있고 신청을 한다고 해도 어떤 잡지사에서는 한 달에 한 번만 발송하기도 하거든요. 그래서 top 10 사이트에는 모두 들어가 보고 가능한 한 많이 신청해 놓는 게 좋습니다.

자, 사이트에 들어가면 무조건 sign up 혹은 newsletter라는 부분을 찾으세요. Sign in이나 subscribe는 회원 가입, 정기 구독이니 클릭하지 마시고요!

⌂ 본인이 원하는 주제의 top 10 잡지사 사이트에 들어가서 sign up 혹은 newsletter를 찾아서 신청해보자.

Day 5. 스팸 메일 활용하기 1: 알고 있다고 착각한 단어 다지기, 지극히 한국적인 표현에 대한 원어민 영어 답 찾기

미자: 대리님! 오늘 버스 타고 오는 길에 약속한 대로 새 이메일 함

을 열어보니 스팸 메일이 쌓여 있었어요!

스팸: 좋아요. 그럼 한번 활용해봅시다. 여러 스팸 메일 중에서 눈에 띄는 제목을 클릭해 들어가 보세요. 내용이 재미있을 것 같은 제목이나 제목에 있는 영어표현이 흥미로운 경우에 클릭하면 됩니다.

미자: 네, 클릭했어요! 그다음에는요? 온통 영어네요, 흑흑

스팸: 걱정 마세요. 모르는 단어나 표현이 있는 어려운 문장은 필요 없어요. 미자 씨가 딱 보자마자 무슨 뜻인지 바로 알 수 있는, 쉬워 보이는 문장들만 볼 거예요.

미자: 우와, 모르는 건 안 봐도 된다니. 그래도 영어를 배울 수 있는 건가요? 너무 좋네요!

스팸: 그럼요. 쉬운 문장을 눈으로만 볼 때와 직접 내가 한국어로 바꾸어 보는 것은 아주 달라요. 직독직해하며 쉬운 영어문장을 한국어로 바꾸다 보면 흔히 번역 투라고 하는 어색한 한국어로 나오는 말들이 있을 거예요. 그 어색한 한국어를 자연스러운 한국어로 바꾸는 거예요. 이 과정을 계속하다 보면 알고 있다고 착각한 영어단어나 표현을 정확히 이해할 수 있답니다.

미자: 생각보다 쉽지 않네요. 쉬운 단어라 그런지 사전에 나올 법한 딱딱한 한국어만 떠올라요. 팁이 있을까요?

스팸: 네! 지금 어떤 문장을 고르셨죠?

미자: Selena Gomez's mom says she's not happy about her daughter' s rekindled romance with Justin Bieber.예요. 이 문장에서 not happy about을 보면 '행복하지 않은'이라는 한국어만 생각나네요.

스팸: 처음에는 다들 그렇습니다. 그래서 제가 쉬워 보이는 문장으로 시작하자고 한 거예요. 자, 지금 그 문장은 어떤 뜻이죠?

미자: 셀레나 고메즈 엄마가 딸이 저스틴 비버와 다시 만나는 것에 대해 행복해하지 않는다는 뜻이에요.

스팸: 좋아요. 그럼 이렇게 생각해볼게요. 방금 본 영어문장은 잠시 잊고 상황만 가져와 보는 거예요. 예를 들어서 미자 씨 친구가 헤어진 남자친구와 다시 만난다고 미자 씨에게 이야기했어요. 그런데 미자 씨는 그 둘이 다시 만나지 않는 것이 친구를 위해 좋겠다고 생각한다고 칩시다. 그 상황에서 미자 씨가 저에게 이야기하는 거예요. "제 친구가 전 남자친구랑 다시 만난다는데 저는 그 재회가 ~~~예요." 이렇게 말할 수 있겠죠? ~~~에 무슨 말이 들어갈 수 있을까요?

미자: 음, "별로예요!" "마음에 안 들어요!" "딱히 좋지는 않아요." 이런 말을 할 것 같아요.

스팸: 잘하셨어요! 미자 씨가 말한 그 한국어가 우리가 본 영어문장에서의 not happy about에 해당하는 부분이거든요. 영어만 계속 보고 있으면 자연스러운 한국어가 잘 떠오르지 않을 때가 많은데 이렇게 상황을 떠올리고 그 상황에서 내가 한국어로

뭐라고 했을지 생각해보면 도움이 된답니다. 하지만 내가 선택한 한국어가 맞는지 확인해봐야겠죠?

미자: 네, 그렇네요. 제가 생각해낸 거니까요.

스팸: 그럼 구글에 들어가서 "not happy about"을 검색해서 이미지도 보고 전체 결과도 훑어봅시다. 먼저 이미지를 볼까요?

미자: 구글에 검색해보니 '마음에 안 들어! 별로야!'에 딱 맞는 이미지들이 나와요.

bluestatedaily.com
Trump Signs the Sanctions Bill but He's Not Happy About It

123rf.com
A Young Girl Not Happy About Studying Stock Photo, Picture And ...

alamy.com
Young girl not happy about having to eat broccoli Stock Photo ...

스팸: 좋아요! 그럼 전체 결과에서 문장 몇 개를 우리가 생각한 한국어로 해석해봅시다.

not happy about에 미자 씨가 찾은 '별로이다, 마음에 들지 않는다.'를 넣어서 자연스럽게 해석이 잘 되면 알맞게 찾은 거겠죠? 한번 해보실래요?

미자: 트럼프 대통령 曰, "Tom Price가 전용 제트기 사용하는 것이 마음에 안 든다. 별로다. 탐탁지 않다."

모두 맞아요. 하나 더 해볼게요.

"서비스가 별로예요. 마음에 들지 않아요. 어떻게 해야 하나
요?" 여기도 딱 맞네요.

스팸: 미자 씨! 정말 잘하셨어요. '행복하지 않다'를 넣어 해석하는
것보다 훨씬 자연스러운 한국어가 나오죠? 더 좋은 건 '별로
이다, 마음에 들지 않는다. 탐탁지 않다.'는 영어로 바로 생각
해내기 쉽지 않은 굉장히 한국적인 말들이거든요. 그런데 이
에 대응하는 영어 그것도 not happy about이라는 쉬운 답을 알
게 되었으니 이야말로 제대로 일거양득입니다. 그렇죠?

이렇게 스팸 메일 속에 있는 문장 하나를 한국어로 바꾸어 보았을 뿐인데, 이제 미자 씨는 '별로이다, 마음에 들지 않는다, 탐탁지 않다.'를 영어로 이야기할 수 있게 되었어요. 어때요?

미자: 정말 신기한 방법이에요! 이렇게 매일 하나씩만 알아가도 영어로 바꾸기 힘들다고 생각한 한국어에 대한 답을 많이 찾을 것 같아요. 이제 제 머릿속에는 트럼프 대통령이 팔짱 끼고 있는 사진과 not happy about이 함께 떠올라요.

☆ 메일함에 도착한 메일 중 하나를 클릭해서 쉬운 문장을 직독직해하며 한국어로 바꾸어 말해보자. 자연스러운 한국어로 바로 나오지 않는 표현을 한국의 상황, 나의 상황에 넣어서 내가 할 수 있는 대사로 만들어보자. 어떤 표현이 자연스러운 한국어로 바로 나오지 않았고 어떤 한국어로 매칭되었는가? 여기 적어보자.

Day 6. 스팸 메일 활용하기 2: 구글과 스팸 메일의 콜라보

미자: 대리님! 스팸 메일을 볼 때 어려운 문장은 건너뛰라고 하셨는데, 제가 관심 있는 주제라 그런지 모르는 표현이 무슨 뜻일지 궁금할 때가 있어요.

스팸: 좋은 현상입니다! 그래서 좋아하는 주제로 영어를 배워야 하는 거예요. 똑같이 모르는 표현이라도 내가 관심 있는 주제 안에 그 표현이 있으면 더 궁금해지게 마련이거든요. 이럴 땐 앞

서 구글 대리가 알려준 방법으로 확인해보세요. 구글을 열고 큰따옴표 안에 알고 싶은 표현을 넣어 이미지를 확인한 후, 표현 뒤에 definition 혹은 meaning을 붙여서 검색하는 것 기억하시죠?

미자: 네! 우와, 그래서 구글 대리님이 스팸 대리님보다 더 먼저 왔나 보네요.

스팸: 네 구글 활용이 기본이랍니다. 그리고 저와 함께한 부분이 내일부터 올 트위터 대리와 함께할 내용에 쓰인답니다. 미자 씨! 저는 이제 본사로 돌아가요. 제가 처음 왔을 때보다 미자 씨가 영어와 더 친해진 것 같아서 좋네요. 매일 습관으로 유지하기! 파이팅!

미자: 네! 너무 감사해요.

♤ 스팸 메일을 읽다가 어떤 표현이 궁금했는가? 그 표현을 구글에서 찾아 뜻을 적어보자.

③

트위터 편

DAY 1. 영어용 트위터 계정 만들기

트위터 대리: 미자 씨

미자: ….

트위터: 미자 씨!!

미자: 아, 네! 죄송해요!

트위터: 뭐 하세요?

미자: 죄송해요. 못 들었네요.

트위터: 뭘 보고 계셨는데요?

미자: 고등학교 동창 SNS요.

트위터: 그런데 표정이 왜 그래요?

미자: 동창이 지금 파리에서 휴가 보내는 중이라고 사진을 올렸는데
　　　요… 제 처지와 너무 비교되어서요.

트위터: 미자 씨 처지가 어떤데요?

미자: 허구한 날 사무실에 앉아서 영어 한마디 못해 미국인 팀장 눈치나 보며 하루하루 때우고 있잖아요… 파리에서 브런치 먹고 있는 이 친구와 너무 비교되어 기운이 없네요.

트위터: 미자 씨! 당장 그 계정에서 로그아웃하세요.

미자: 네?

트위터: 그럴 거면 SNS를 뭐 하러 합니까? 제가 재미도 있고 영어 실력도 올릴 수 있는 SNS 활용법을 알려드릴게요.

미자: 우와, 그런 방법이 있나요?

트위터: 네! 지금 당장 트위터 앱을 다운로드 받으세요. 그리고 스팸 메일 신청할 때 만들었던 새 이메일 계정 있죠? 그 계정으로 트위터에 계정을 하나 만드세요.

미자: 뭔지 궁금하네요! 알았어요.

트위터: 미자 씨의 이 트위터 계정은 원어민력을 높이는 용도로 사용될 거예요. 트위터에서는 내가 원하는 계정을 골라서 팔로우할 수 있어요. 그리고 하나의 피드에 140자 글자 제한이 있거든요. 그래서 긴 영어를 읽기 싫어하는 우리에게 딱이죠. 그리고 그때그때 드는 생각을 바로 올리는 형식이라서 살아있는 원어민 영어를 배우기에도 좋습니다.

미자: 와, 생각도 못 했던 방식이에요. 그러니까 트위터에 미국인들이 올리는 짧은 피드에서 미국인식 사고와 원어민 영어를 가

져오자는 거네요!

트위터: 그렇죠!

☆ 스팸 메일(뉴스레터)을 신청할 때 썼던 새 이메일 주소로 트위터에 새 계정을 만들자.

DAY 2. 팔로우하기

트위터: 자, 여기 처음 트위터 계정을 만든 후에 팔로우할 대상을 검색할 때 도움이 될 만한 리스트예요.(251p 참고)

미자: 우와, 역시 섬세한 트위터 대리님! 정말 도움이 되네요. 그렇지 않아도 누구를 팔로우해야 하지? 라는 생각이 들었거든요. 어디 보자… 오, 좋아하는 가수? 저 의외로 힙합 가수를 좋아한답니다! 흑인 래퍼들을 좋아하지요, 흐흐. 어디 한번 검색해볼까?

트위터: 미자 씨! 잠깐만요, 처음에 최대한 많은 계정을 팔로우하는건 맞는데요. Step 2를 먼저 한번 볼까요? 팔로우한 다음 순서가 우리 목적에 맞지 않는 계정을 언팔로우, 즉 팔로우 취소하는 거죠?

미자: 네! 그런데요?

트위터: 그런데 거기 보면 흑인, 래퍼들 계정은 처음부터 팔로우하지 않는 것이 좋다고 되어있어요. 이유는 우리가 아직 은어,

속어, 유행어, 흑인 특유의 말투를 구분하지 못하기 때문이에요. 그래서 그런 계정은 애초에 팔로우하지 않는 것이 좋습니다.

미자: 어머, 뭐죠? 혹시 인종차별인가요? 흑인 래퍼 오빠들이 얼마나 멋있는지 모르시나 보다. 스웨그 모르세요, 대리님?

트위터: 하하, 그런 게 아니고요. 우리의 목적이 우리가 활용할 수 있는 그리고 조금만 시간을 할애하면 충분히 이해하고 배울 수 있는 기본적인 원어민 영어를 배우는 거잖아요. 그런데 래퍼나 흑인은 그들만의 언어가 있어요. 지금 그 언어까지 같이 인풋으로 들어오면 더 헷갈린답니다. 우리도 한국인 래퍼들이 쓰는 용어들을 모를 때가 많잖아요. 그런 거예요.

미자: 아! 네 알겠어요.

트위터: 그럼 지금 보고 있는 리스트를 참고해서 내일까지 계정 100개를 팔로우해 보세요.

미자: 100개요???? 그렇게 많이 필요해요?

트위터: 최대한 후보를 많이 갖고 있는 게 좋아요. 두 번째 단계에서 많은 계정을 팔로우 취소 할 거니까요. 자, 오늘은 여기까지 하고 내일 다시 얘기해요!

⇧ 최대한 많은 계정을 팔로우해 보자. 100개를 채워보자.

DAY 3. 언팔로우하기

미자: 대리님, 짠! 100개 계정 팔로우 마쳤습니다. 으쓱으쓱

트위터: 잘하셨어요! 어때요?

미자: 어떻긴요… 영어 천국이니 머리가 아프죠.

트위터: 며칠만 지나면 재미있어질 거예요! 자, 오늘은 100개 계정 중에서 우리의 목적에 맞지 않는 계정을 언팔로우(unfollow)해봅시다. 자, 이 리스트를 보세요.(253p 참고) 제가 세운 기준이에요. 하지만 이 외에도 미자 씨가 봐서 별로 마음에 들지 않거나 와닿지 않는 계정이 있으면 언팔로우해도 괜찮아요.

미자: 오호! 좋네요.

♤ 목적에 맞지 않는 계정을 언팔로우하자.

DAY 4. 영어용 트위터를 언제 열어볼까?

미자: 언팔로우도 했어요! 이제 뭘 하면 되나요?

트위터: 우선, 미자 씨는 언제 SNS를 언제 열어봐요?

미자: 음, 주로 지루하거나 졸릴 때요. 아니면 출근하자마자 일하기 싫을 때나 점심 먹고 일하기 싫을 때? 호호

트위터: 그럼 앞으로는 SNS를 열고 싶을 때 영어 계정 트위터를 여세요. 하루 중 SNS를 열고 싶은 세 번의 순간에 트위터 열

기! 어때요?

미자: 알았어요! 그건 어렵지 않죠. 그리고요?

트위터: 트위터를 열고 아무 생각 없이 보기만 하면 소용없어요. 많
　　　　은 피드 중에 나에게 의미 있는 영어를 잡아야겠죠? 스팸 메
　　　　일 활용법에서와 마찬가지로 일단 어려운 문장은 무조건 건
　　　　너뛸 거예요.

미자: 이제 긴장이 좀 풀리네요.

트위터: 본격적으로 시작하기 전에 반드시 명심하세요! "하루 세 번
　　　　트위터를 열 때마다 리트윗 하나 트윗 하나!"

미자: 그게 무슨 말인가요?

트위터: 트위터를 한 번 열어서 볼 때마다 하나의 표현 혹은 문장을
　　　　고르는 거예요. 물론 어려운 문장이 아니라 보자마자 무슨
　　　　뜻인지 바로 이해할 수 있는, 쉬워 보이는 문장이어야겠죠.
　　　　자, 일단 한번 골라보세요.

☆ 트위터를 열어 딱 봐서 바로 이해되는 쉬운 문장들 중에서 마음
에 드는 문장을 골라보자.

DAY 5. 트위터, 어떻게 활용할까?

미자: 골랐어요. I would love to hear your thoughts on this. 예요.

트위터: 오! 잘 고르셨네요. 일단 그 피드를 리트윗 해두세요. 그리고

그 문장을 앞에서부터 의미별로 끊어서 한국어로 바꿔 보는

거예요.

미자: …어떻게요?

트위터: 자, 보세요. I would love to, 정말 좋을 것 같습니다 / hear

your thoughts, 당신의 생각을 들으면 / on this, 이거에 대해

서요. / 이렇게 앞에서부터 끊어 읽으며 한국어로 바꾸어 나

가는 거예요. 그런데 미자 씨, '정말 좋을 것 같습니다'이 말

이 왠지 어색하지 않아요?

미자: 네, 한국어로 누가 '정말 좋을 것 같습니다.'라고 해요!! 트위터

대리님 완전 이상해요!!

트위터: 맞아요! 한국어로 누가 저렇게 말하나요? 그렇죠? 내가 쓰

지 않는 한국어로 대충 알고 넘어가니, 저 영어를 쓸 일이

없고 쓸 수도 없는 겁니다. 우리가 매번 트위터를 열어서 해

야 할 일이 이런 거예요. 쉬운 원어민 영어를 우리가 쓰는

한국어로 바꾸는 것, 그리고 다시 영어로 써보는 거요.

미자: 오, 그럴듯한데요?

트위터: 네! 그럼 '정말 좋을 것 같습니다.' 대신 뭐라고 하면 될까

요? 방금 본 영어 문장은 잠시 잊고 상황으로 한번 생각해보

세요. 스팸 대리와 해보셨죠? 영어는 잊고 상황으로 생각해

보기. 그 상황이라면 미자 씨는 뭐라고 할까요?

미자: 음… 여기에 관한 생각을 듣고 싶어 하는 상황이니까… "어떻

게 생각하세요?"라고 할 것도 같고요, 높은 분께 여쭤보는 거
라면 "의견 부탁드립니다."라고 할 것 같아요. 어찌 되었든 '정
말 좋을 것 같습니다.'라는 말은 하지 않을 거예요.

트위터: 와, 최고입니다. 아주 좋아요. 그렇죠. 막상 진짜 우리가 쓰
는 한국어로 생각해보니, I would love to는 큰 의미가 없죠?
무언가를 물어보거나 부탁할 때 으레 앞에 쓰는 말인 것 같
네요.

미자: 와, 그렇네요. 당연히 알고 있는 너무 쉬운 문장이라 생각했는
데 이렇게 여러 가지를 생각해 볼 수 있는 문장이었네요.

트위터: 맞아요. 이제 오늘 미자 씨가 고른 문장이 얼마나 다양하게
쓰일 수 있는지 알았죠?

미자: 네!

✿ 고른 문장이 들어있는 피드를 리트윗하자. 그리고 고른 문장을
여기 써보라. 그 문장을 한국어로 바꿔보고, 자연스러운 한국어 표현을
찾아보자.

DAY 6. 트위터, 어떻게 활용할까?

트위터: 그럼, 마지막 마무리! 미자 씨 스스로 상황을 하나 생각해봐
요. 미자 씨가 이야기했던 '어떻게 생각하세요?'라고 묻고
싶은 상황이요. 그리고 그 상황을 생각하면서 오늘 고른 이

영어표현을 사용해서 미자 씨 트위터에 한번 올려봐요.

미자: 영어로요? 내가 SNS에 영어를 올리다니!!! 손발이 오그라들면서도 왠지 으쓱하네요.

트위터: 네, 앞으로 트위터를 열 때마다 마음에 드는 표현이 들어있는 피드를 리트윗하고 그 문장을 자연스러운 한국어로 직독직해한 후, 활용해서 트위터에 올릴 거예요. 이렇게 하다 보면 미자 씨의 영어용 트위터 계정에 나만의 단어장이 히스토리로 남아있으니 더 좋죠! 이제 시대가 시대니 만큼 SNS를 단어장으로 활용하자고요! 자, 얼른 올려봐요!

미자: 올렸어요. 이거 보세요! "Hi, Jim. I would love to hear your thoughts on this presentation."이라고 올렸어요. 흐흐

♤ 영어문장을 만들어서 본인 트위터에 올려보자! 어차피 이 계정에는 아는 사람도 없고 영어 공부를 위해 만든 계정이다. 틀려도 괜찮다. 처음엔 조금 어색할지 모르지만 몇 번만 올려보면 영어로 SNS를 하고 있는 나 자신이 새롭게 느껴지며 으쓱한 기분도 들 것이다. 사이버 공간에 '영어 하는 나'를 만들어보길.

트위터: 잘하셨어요! 자, 미자 씨. 이제 저도 오늘을 마지막으로 본사로 돌아가요. 구글 대리님, 스팸 대리님에 이어 저까지 함께 지내면서 앞으로 어떻게 해나가야 할지 감이 좀 잡히셨나요?

미자:네!!! 지금까지 막연하게 '영어는 어렵고 재미없어. 난 영어를 못해.'라고만 생각했거든요. 영어 공부를 하긴 해야 하는데 엄두도 나지 않고 지겨운 단어암기와 어려운 강의를 꾸역꾸역 듣기 싫어서 외면했는데 세 분을 만난 덕에 희망이 생겼어요! 저 이제는 버스에 타면 자동으로 스팸 메일함을 열어요! 제가 좋아하는 요리잡지사랑 애견 잡지사에서 뉴스레터가 도착해 있는데요. 제가 좋아하는 주제들이라 그런지 제목만 봐도 두근두근해요. 처음엔 영어로만 쓰여있어서 두려웠는데 이젠 익숙해졌어요.

그리고 보다가 모르는 단어나 표현이 있으면 이젠 자연스럽게 구글을 열어 큰따옴표 안에 넣어서 이미지 검색도 하고요! 또 이렇게 트위터 사용법도 배우고 나니, SNS에서 동창들 휴가 사진 보며 배 아파할 시간에 영어용 트위터 계정을 열어서 내 영어 실력에 송송 난 구멍을 메울 수 있어서 너무 좋아요! 정말 너무 감사해요. 그런데 우리 그럼 이제 못 보는 건가요? 흑흑

트위터: 저희 셋이 알려드린 세 가지 방법으로 원어민력을 쑥쑥 올리고 계세요. 다음 단계를 추가해도 될 때쯤, 다시 돌아올게요! 미자 씨!!! 늘 응원하고 있을게요!